essentials

Essentials liefern aktuelles Wissen in konzentrierter Form. Die Essenz dessen, worauf es als „State-of-the-Art" in der gegenwärtigen Fachdiskussion oder in der Praxis ankommt, komplett mit Zusammenfassung und aktuellen Literaturhinweisen. Essentials informieren schnell, unkompliziert und verständlich

- als Einführung in ein aktuelles Thema aus Ihrem Fachgebiet
- als Einstieg in ein für Sie noch unbekanntes Themenfeld
- als Einblick, um zum Thema mitreden zu können.

Die Bücher in elektronischer und gedruckter Form bringen das Expertenwissen von Springer-Fachautoren kompakt zur Darstellung. Sie sind besonders für die Nutzung als eBook auf Tablet-PCs, eBook-Readern und Smartphones geeignet.

Essentials: Wissensbausteine aus Wirtschaft und Gesellschaft, Medizin, Psychologie und Gesundheitsberufen, Technik und Naturwissenschaften. Von renommierten Autoren der Verlagsmarken Springer Gabler, Springer VS, Springer Medizin, Springer Spektrum, Springer Vieweg und Springer Psychologie.

Sebastian Debnar-Daumler ·
Marcus Heidbrink · Julian Brands ·
Claus Verfürth

Top-Manager in beruflichen Umbruchphasen

Wie der Umbruch erlebt wird und die Neuausrichtung gelingt

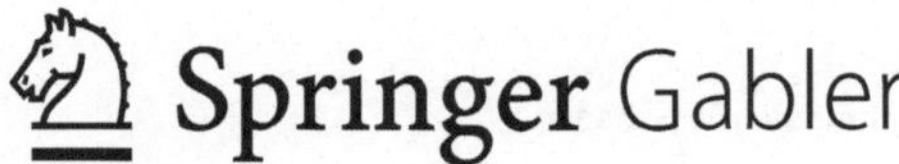

Sebastian Debnar-Daumler
HPO Research Group
Berlin
Deutschland

Dr. Marcus Heidbrink
HPO Research Group
Köln
Deutschland

Julian Brands
HPO Research Group
Rösrath
Deutschland

Claus Verfürth
The Boardroom
Düsseldorf
Deutschland

ISSN 2197-6708
essentials
ISBN 978-3-658-13072-5
DOI 10.1007/978-3-658-13073-2

ISSN 2197-6716 (electronic)

ISBN 978-3-658-13073-2 (eBook)

Die Deutsche Nationalbibliothek verzeichnet diese Publikation in der Deutschen Nationalbibliografie; detaillierte bibliografische Daten sind im Internet über http://dnb.d-nb.de abrufbar.

Springer Gabler

Gedruckt auf säurefreiem und chlorfrei gebleichtem Papier

Springer Gabler ist Teil von Springer Nature
Die eingetragene Gesellschaft ist Springer Fachmedien Wiesbaden

Was Sie in diesem Essential finden können

- Beschreibung eines typischen Phasenverlaufs der Emotionen und Kognitionen im Zuge eines beruflichen Umbruchs
- Erlebnisberichte von Top-Managern, die ungewollt ihre Spitzenpositionen in Wirtschaftsunternehmen räumen mussten
- Sammlung von positiven Erfahrungen, potenziellen Ressourcen und Tipps zur erfolgreichen Bewältigung der Umbruchphase
- Theoretische Hintergründe und wissenschaftliche Definitionen der Konstrukte kritisches Lebensereignis, Attribution, Umbruchphase, Narzissmus, Selbstkomplexität, Coping, Lebenszufriedenheit

Vorwort

Dieses Buch entstand aus einer Randnotiz unserer Forschung mit entlassenen Top-Managern. Ausnahmslos alle Befragten, 100 %, gaben in dieser Studie an, nach dem Bewältigen der durch ihre Entlassung ausgelösten Krise eine höhere Lebenszufriedenheit erreicht zu haben als vor der Entlassung. Selbst wenn wir in Rechnung stellen, dass sich manche der Befragten nachträglich die mit einem ungewollten Verlust einer Spitzenposition verbundene subjektive Niederlage beschönigen, bleibt eine nicht zu ignorierende empirische Evidenz: In der Trennung scheint eine Kraft zu liegen, die – richtig genutzt – zu einer höheren Lebenszufriedenheit führen kann.

Wer heute eine Spitzenposition in einem großen Wirtschaftsunternehmen bekleidet, schaut in aller Regel auf einen langjährigen und arbeitsintensiven beruflichen Werdegang zurück. Der Weg in die Top-Etagen ist mit persönlichen Kompromissen, Entbehrungen und einem hohen sozialen Preis verknüpft, den man bereit sein musste, zu zahlen. Der extern bedingte und ungewollte Verlust einer derart teuer erkauften beruflichen Stellung stellt keinen beliebigen Jobverlust dar; er bedeutet vielmehr die Erschütterung einer zentralen Säule der eigenen Identität.

Wir waren überrascht, wie stark sich die Berichte der Top-Manager ähnelten, welche uns im Zuge unserer Forschung Einblick in ihre Gefühle, Gedanken und Verarbeitungsstrategien gewährten. Trotz der subjektiv empfundenen Einzigartigkeit des jeweils eigenen Falls zeigten sich für uns als Forscher wiederkehrende Muster, die es wert sind, über den engen Forschungskontext hinaus Verbreitung zu finden. Die in diesem Buch zusammengefassten Forschungserkenntnisse können Top-Managern helfen, eine ungewollte berufliche Umbruchphase besser zu verstehen, wenn nötig Mut zu fassen und die richtigen Schritte zum Meistern dieses kritischen Lebensereignisses einzuleiten.

Inhaltsverzeichnis

Die Ausgangslage 1

Ein Blick auf die Phase vor dem eigentlichen Umbruch hilft zu verstehen, welche Irritationen eine ungewollte Kündigung oder Aufhebung auslösen und wie herausfordernd sich eine berufliche Neuorientierung gestalten kann. Schock, Unsicherheit, Erleichterung – so vielfältig wie die Menschen selbst sind auch die unmittelbaren Reaktionen auf einen ungewollten Verlust des Arbeitsplatzes. Allerdings lassen sich wiederkehrende Reaktions- und Verarbeitungsmuster erkennen.

Der soziale Preis einer Position im Top-Management bestimmt die Fallhöhe.

Für das Erreichen einer Stelle im Entscheiderkreis eines Unternehmens reichen Talent und Charisma in der Regel nicht aus. Zu überdurchschnittlichen persönlichen Eigenschaften müssen Fleiß, Ehrgeiz und Einsatzbereitschaft hinzukommen. Der Weg an die Spitze kostet auch und vor allem Zeit; Lebenszeit, die womöglich an anderer Stelle fehlt. Die Kosten eines beruflichen Aufstiegs können gesundheitlicher oder sozialer Natur sein. Während sich gesundheitliche Probleme meist von alleine in den Vordergrund drängen, können Vernachlässigungen auf der sozialen Seite über viele Jahre hinweg erfolgreich ignoriert und heruntergespielt werden. Sie werden erst mit dem Eintreten eines erzwungenen Umbruchs gänzlich bewusst.

> Durch den Umbruch hat sich ein Großteil meines Freundeskreises geändert. Mir ist erst im Nachhinein bewusst geworden, dass beinahe alle freundschaftlichen Beziehungen, die ich vorher gepflegt hatte, mit der Firma zu tun hatten.

Der soziale Preis eines beruflichen Aufstiegs kann darin bestehen, sich zu wenig Zeit für Freunde zu nehmen, oder in einer Vernachlässigung der Rolle als Ehepartner, Mutter oder Vater, Tochter oder Sohn. Manche sehen rückblickend den Grund für eine Scheidung in einer Priorisierung des Berufs gegenüber anderen Bereichen eines eigentlich gemeinsamen Lebens.

Auf der anderen Seite lohnt sich für viele eine berufliche Karriere aus den unterschiedlichsten Gründen. Das Offensichtlichste ist dabei eine höhere Vergütung.

© Springer Fachmedien Wiesbaden 2016
S. Debnar-Daumler et al., *Top-Manager in beruflichen Umbruchphasen*, essentials,
DOI 10.1007/978-3-658-13073-2_1

Abb. 1.1 Die meisten der
Betroffenen blickten kurz
vor dem Umbruch noch
zuversichtlich und erfolgs-
gewiss in die Zukunft

Darüber hinaus gibt es eine Vielzahl an Entschädigungen, mit denen Unternehmen ihren Managern die Übernahme einer exponierten Position mit besonderem Leistungsdruck schmackhaft machen und sie für die Kosten ihres beruflichen Engagements kompensieren. Neben mehr Macht und Entscheidungsgewalt kommt hier dem Status- und Prestigegewinn eine erhebliche Bedeutung zu. Durch Beförderungen und jährliche Bonuszahlungen wird zusätzlich Anerkennung ausgedrückt. Hinzu kommen positives Feedback und Wertschätzung, beispielsweise seitens der Eigentümer, der Aufsichtsgremien oder der Kollegen und Mitarbeiter. Auch im Privaten erfährt man als erfolgreicher Manager Achtung und Bestätigung. Man steht voll im Leben (Abb. 1.1).

Mit den Jahren des beruflichen Erfolgs wird es für einen Top-Manager und seine Umgebung zunehmend schwieriger, zwischen Person und Position zu trennen. Wer erfährt gerade die Anerkennung: der Mensch oder der Funktionsträger? Die Identität der Top-Manager ist in besonderem Maße geprägt von der Position, welche sie bekleiden und umgekehrt. Es entwickelt sich eine symbiotische Verknüpfung, welche erst durch den Moment der Kündigung abrupt getrennt wird. Das Selbstbild als erfolgreicher Top-Manager erfährt dann eine völlig unerwartete Erschütterung. Was bleibt, wenn die Schulterklappen und Titel verschwunden sind? (Abb. 1.2)

Der Erfolg eines Unternehmens im komplexen Wirtschaftsumfeld hängt von vielen Faktoren ab. Aus der Attributionstheorie ist bekannt, dass wir Menschen dazu neigen, die Ursachen für beobachtete Phänomene verstärkt einer Person zuzuschreiben und dabei externe Faktoren, alternative Begründungen und Kontext-

Abb. 1.2 Eine klare Trennung zwischen Person und Position findet erst wieder ab dem Zeitpunkt der formalen Kündigung statt

variablen zu vernachlässigen. Auf das Unternehmensumfeld bezogen bedeutet dies eine starke, womöglich übertriebene Bedeutung, welche den exponierten Top-Managern für den Unternehmenserfolg zugeschrieben wird. So wird Unternehmenserfolg häufig verknüpft mit der Amtszeit eines Vorstandsvorsitzenden oder ein erfolgreicher Turn-around einer Organisation wird verbunden mit dem Wechsel des beteiligten Spitzenpersonals. Alternative Erklärungsmuster wie Markt- und Wettbewerbsbedingungen, technologischer Fortschritt, Leistungsfähigkeit der Mitarbeiter, Arbeits- oder Kapitalmarktbedingungen und ähnliche, nicht in der Person des Top-Managers begründete Faktoren werden demgegenüber weniger beachtet.

Infobox: Attributionstheorie
Unter dem Begriff der Attributionstheorie sammeln sich psychologische Ansätze die beschreiben, wie Menschen Informationen nutzen, um Verhalten ursächlich erklärbar machen zu können. Als grundlegend in diesem Feld wird die Arbeit des österreichischen Psychologen Fritz Heider angesehen, der in den 1960er Jahren zwischen der *internen* und *externen* Attribution unterschied. Tendieren Menschen dazu, Verhaltensweisen mit den Wesenszügen oder dem Charakter eines Menschen zu erklären, spricht man dem-

zufolge von *interner* Attribution. Werden hingegen Handlungen auf die Situation und das Umfeld des Handelnden zurückgeführt, ist von *externer* Attribution die Rede.

Dieser grundlegende Ansatz fand große Beachtung durch die weiterführende Arbeit des Psychologen Martin Seligman. Mit seinem Team von der University of Pennsylvania suchte Seligman nach einem Erklärungsmodell für Depressionen und fand es in den verschiedenen Attributionsstilen der untersuchten Probanden. Dabei erweiterte Seligman die Unterscheidung zwischen *interner / externer* Attribution um zwei weitere Dimensionen. Demnach unterscheiden Menschen bei der Betrachtung von Ereignissen weiterhin zwischen einer *stabilen* oder *variablen* Ursache sowie *generellen* oder *spezifischen* Gültigkeitsbereichen. Innerhalb der erstgenannten Dimension sehen Menschen ein Phänomen entweder als unveränderlich (*stabil*) oder als zeitlich vorübergehend (*variabel*). Eine *generelle* Zuschreibung beschreibt ein Phänomen als nahezu für alle Lebensbereiche gültig und nicht auf bestimmte Situationen und Kontexte begrenzt (*spezifisch*). Seligmans Untersuchungen zu Folge neigen depressive Menschen dazu, negative Ereignisse als *intern* verursacht sowie *stabil* und *generell* in ihrer Wirkung anzusehen. Hingegen werden positive Erfahrungen von Menschen mit depressiven Mustern oftmals als *extern* verursacht, wenig *stabil* und auf einen *begrenzten* Kontext beschränkt angesehen. Grundlegend gelten diejenigen Menschen als psychologisch besonders widerstandsfähig, die Rückschläge und Misserfolge *extern*, *variabel* und *spezifisch* attribuieren und Errungenschaften und Erfolge entsprechend *internen*, *stabilen* und *generellen* Ursachen zuschreiben. Ein in diesem Sinne stetig genährter und übersteigerter Attributionsstil birgt jedoch die Gefahr, eigene Entwicklungspotentiale nicht zu nutzen und ggf. auch weniger funktionale Verhaltensweisen und Denkmuster zu verstärken.

Das Selbstbild des erfolgreichen Top-Managers wird durch das Umfeld mitproduziert und gefährlich verstärkt.

Auch werden Erfolge des Top-Managements oftmals mit den Eigenschaften und Kompetenzen, die in der Person des Top-Managers liegen, begründet. So spielt auch in der öffentlichen Wahrnehmung bspw. die Führungsstärke oder die strategische Weitsicht eines Top-Managers eine bedeutende Rolle bei der Analyse von Unternehmenserfolgen – und damit Faktoren, die vom Protagonisten als stabil und dauerhaft angesehen werden können und auch für andere Kontexte eine generelle Gültigkeit zu besitzen scheinen. So wird womöglich eine Tendenz zu übersteigertem Selbstbewusstsein gefördert oder die eigene Wirksamkeit der Unternehmenslenker überschätzt.

> Wenn Sie große Unternehmen geführt haben, große Projekte gemacht haben, die auch erfolgreich waren, dann haben Sie doch den Eindruck, dass die Projekte nur deshalb so geflogen sind, weil man selbst an der Spitze stand.

Die Gefahr zur persönlichen Überschätzung im Top-Management entsteht durch eine ungute Mischung von zwei Faktoren: zum Einen aus einem selbstwertsteigernden Attributionsstil und zum Anderen aus einem Umfeld, das eher bestätigt als kritisiert. Für Top-Manager ist es schwierig, ehrliches und ggf. korrigierendes Feedback zu erhalten. Die meisten der in Frage kommenden Feedbackgeber stehen in einem Abhängigkeitsverhältnis zum Manager; eine schonungslose Offenheit wäre aus ihrer Sicht naiv.

Zusammenfassend lässt sich festhalten, dass es sehr wahrscheinlich ist, dass Top-Manager ein positives Selbstbild von sich als erfolgreiche Unternehmenslenker entwickeln. Die Rolle bringt für den Stelleninhaber eine besondere Aufmerksamkeit und im Erfolgsfall eine außergewöhnliche Anerkennung mit sich. Eine Trennung zwischen der Position und der Person ist schwerlich möglich. Das positive Selbstbild, ein erfolgreicher Top-Manager zu sein, ist Teil der eigenen Identität geworden.

Exkurs: Narzisstische Persönlichkeit und Top-Management
In unserer Untersuchung mit Top-Managern fanden wir signifikant mehr narzisstische Persönlichkeiten als verglichen mit der übrigen Bevölkerung zu erwarten gewesen wäre. Unsere Untersuchung liegt damit auf einer Linie mit ähnlichen Studien, die in den Chefetagen eine Häufung von Personen mit narzisstischen Persönlichkeitseigenschaften gefunden haben.

> Wie kann eine Volkswirtschaft auf Leute wie Dich überhaupt freiwillig verzichten? Das kann doch nicht wahr sein!
> Um Gottes willen! Wie soll das weitergehen ohne mich? Ich war doch der beste Chef!
> Ich habe eine wunderbare Beziehung mit der Organisation gehabt!

Für Menschen mit einem narzisstischen Persönlichkeitsstil ist es äußerst wichtig, sich des eigenen Wertes zu versichern, sie haben einen ausgeprägten Wunsch nach Ruhm und Erfolg. Dafür macht man sich und anderen stets die eigene Bedeutung, die außergewöhnliche Position im sozialen Gefüge und die besondere Leistungsfähigkeit bewusst. In einer aktuellen Meta-Analyse zeigte sich, dass narzisstische Personen zu einer höheren Wahrscheinlichkeit Führungskraft werden, was die Häufung von Narzissmus in den Chefetagen erklärt. Allerdings hängt Narzissmus nicht mit Führungseffektivität zusammen.

In unserer Studie spielt Narzissmus eine besondere Rolle, weil narzisstische Persönlichkeiten dazu neigen, ihr Selbstbild, das häufig idealtypisch übersteigert ist, gegen gegenläufiges Feedback zu schützen. Eine ungewollte Entlassung stellt für narzisstische Persönlichkeiten ein nicht zu ignorierendes, negatives Feedback dar, das noch mehr als für andere zu einer persönlichen Kränkung führt, die schnellstmöglich aufgearbeitet oder kompensiert werden muss.

Durchaus typisch für Menschen mit einem narzisstischen Persönlichkeitsstil ist die Abwertung von Personen, die Macht über das eigene Leben haben. Im Zuge einer ungewollten Entlassung zeigt sich die Tendenz zur Abwertung der an der Kündigung beteiligten Personen besonders deutlich.

> Ich bin promoviert, mein vorgesetzter Geschäftsführer war aber ohne einen akademischen Abschluss. Ich hatte den Eindruck, dass er damit ein Problem hatte. Überhaupt habe ich von der Persönlichkeit her mehr aufzuweisen als er.
> Ich hab mich gefragt, überfahre ich vielleicht die Kollegen der Geschäftsführung? Bin ich ein ICE und die anderen fahren in der Bummelbahn?

Manager mit einer narzisstischen Neigung erleben nicht nur die durch eine Kündigung ausgelöste Kränkung stärker als andere; auch die Abwehr der Kränkung fällt deutlicher aus. Tatsächlich fanden wir für Studienteilnehmer mit höheren Narzissmuswerten, dass diese schneller wieder eine Beschäftigung fanden und angaben, nach Abschluss der beruflichen Neuausrichtung einen höheren sozialen Status und eine bessere Vergütung erreicht zu haben als die übrigen Studienteilnehmer. In Verbindung mit weiteren Daten aus der Studie sehen wir die Erklärung dafür in einem größeren Aufwand für die Wiederherstellung des ursprünglichen Status quos. Der größere Aufwand wird womöglich gespeist aus dem Antrieb, die persönliche Kränkung zu überwinden und für sich und die Umwelt möglichst schnell wieder ein positives Bild als erfolgreicher Manager entwickeln zu wollen, mithin die ungewollte Trennung als Fehler des Unternehmens dastehen lassen zu können.

Infobox: Narzissmus
Der Begriff Narzissmus geht zurück auf die griechische Sagengestalt Narziss, der sich in sein eigenes Spiegelbild verliebte. Wenn narzisstische Wesenszüge sehr stark ausgeprägt und stabil sind, spricht man von einer Narzisstischen Persönlichkeitsstörung. Im Sinne des für die Diagnose psychischer Störungen verwendeten DSM-IV (Diagnostic and Statistical Manual for Mental Disorders) gilt eine Person als narzisstisch gestört wenn 5 der folgenden Faktoren erfüllt sind. Der Betroffene:

- zeigt ein tiefgreifendes Gefühl der eigenen Wichtigkeit (z. B. Übertreibung der eigenen Leistungen)
- ist stark eingenommen von Fantasien grenzenlosen Erfolgs, Macht oder Glanz
- glaubt besonders und einzigartig zu sein und nur von besonderen Personen oder Institutionen verstanden zu werden
- verlangt nach übermäßiger Bewunderung
- legt ein übertriebenes Anspruchsdenken in Bezug auf eine besondere Behandlung an den Tag
- verhält sich in zwischenmenschlichen Beziehungen ausbeuterisch
- zeigt ein Mangel an Empathie (d. h. ist nicht willens die Bedürfnisse und Gefühle anderer anzuerkennen)
- ist häufig neidisch auf Andere oder glaubt, Andere seien neidisch auf ihn
- zeigt arrogante oder überhebliche Verhaltensweisen und Haltungen

Dabei dient das narzisstische Verhalten grundsätzlich der Aufrechterhaltung des Selbstwertgefühls der Person. So wird ein im Kern defizitäres Selbstbild durch übersteigerte Verhaltens- und Kognitionsmuster kompensiert und so für die Person selbstwertschützend reguliert. Diese innerpsychischen Vorgänge sind der betroffenen Person oftmals nicht bewusst, sondern bedürfen in der Regel einer tiefgehenden und therapeutisch begleiteten Auseinandersetzung.

1.1 Tipps vom Top-Executive Karriereberater

Schaffen von Verbündeten/Netzwerken im Unternehmen Zu dem Zeitpunkt, an dem der Betroffene merkt, dass sich die Situation zu seinen Ungunsten verändert, sollte er schnellstmöglich die Netzwerke im Unternehmen intensiv pflegen und sich Verbündete suchen. Entscheidend ist, die richtigen Personen als Verbündete zu identifizieren, mit denen man im Vertrauen reden oder von denen man eventuell sogar zusätzliche Informationen bekommen kann. Gerade die Identifikation dieser Verbündeten aber stellt sich als kritisch heraus, weil die Frage „kann ich dem wirklich trauen" schwer zu beantworten ist. Zu einem Zeitpunkt, wo auch andere im Unternehmen merken, dass der Betroffene nicht mehr in der Gunst der Entscheider steht, wenden sich viele oft ab, um nicht selbst auch in den Fokus zu gelangen.

Schaffen und pflegen von Netzwerken/Kontakten außerhalb des Unternehmens Viele Betroffene berichten darüber, dass sie in der Vergangenheit weder Zeit noch Lust gehabt haben, ein belastbares Netzwerk aufzubauen. Netzwerkaufbau und insbesondere die Pflege sind langwierige Prozesse, die nicht auf den kurzfristigen Erfolg ausgerichtet sein können. Sie funktionieren unter dem Motto: „Erst zweimal geben und dann ein Mal nehmen". Trotzdem ist es jetzt ratsam, mit lange schon nicht mehr kontaktierten Personen wieder ins Gespräch zu gehen. Und dies zu einem Zeitpunkt, wo die Suche nach einer alternativen Position noch nicht im Vordergrund steht und damit die Wahrnehmungs-Gefahr, nur von der Kontaktaufnahme profitieren zu wollen, minimiert werden kann. Zusätzlich kann es Sinn machen, sich in bestehende Netzwerkstrukturen einzubringen – bspw. in Business-Clubs oder an sonstigen gesellschaftlichen Anlässen teilzunehmen.

Finanzielle Absicherung organisieren Eine mitentscheidende Frage ist intensiv zu beleuchten: Wie lange halte ich eine Phase aus, in der ich kein regelmäßiges Einkommen beziehe, wie ist mein privates Ausgabeverhalten, welche finanzielle Flexibilität habe ich? Die Auseinandersetzung mit diesen Themen und der Beantwortung der gestellten Frage kann entscheidende Bedeutung haben für den Grad der Gelassenheit in der Neuorientierungsphase. Je höher der finanzielle Druck, desto stärker ausgeprägt ist die Ungeduld und die Bereitschaft, eine wie immer geartete Beschäftigung anzunehmen bzw. annehmen zu müssen.

Die Trennung wird real

2

Gibt es eine Trennung in beiderseitigem Einvernehmen, die keine negativen Emotionen auslöst? Wenn man Studien zum Stufenverlauf von Paarbeziehungen heranzieht, vermutlich nicht.

Unabhängig davon, wie vorbereitet man auf eine Trennung ist: Es bleibt das kränkende Gefühl der Zurückweisung.

Wer sich ins Top-Management begibt, weiß in der Regel, dass der Verlust einer derart exponierten Position eine reale Option ist. Man weiß, dass es im Misserfolgsfall oder beim Wechsel der politischen Großwetterlage schnell zu einer Trennung kommen kann. Wenn es dann soweit kommen sollte, erwartet man allerdings für das Geleistete Dankbarkeit. Bleibt diese dann jedoch aus und wird womöglich noch durch eine als unanständig wahrgenommene Art und Weise der Kündigung ergänzt, wiegt diese Kränkung durch das Wie zumindest in der ersten Phase nach der Kündigung genau so schwer wie das Was, also die Kündigung selbst.

> Eine wahnsinnige Enttäuschung, wie man miteinander, mit mir umgeht. Wir sind viele Jahre gemeinsam unterwegs gewesen. Und jetzt ist für mich übrig geblieben: Am Ende schaut offensichtlich wohl doch jeder in dieser Liga danach, wie es für einen selbst weitergeht.
>
> Das war ja schon fast Tradition im Hause: Der Pharao ist tot – wohin mit seinen Eunuchen? Und dann wird halt der ganze Ast abgesägt. Die Abteilung wurde regelrecht zerschlagen. Und auch diese Hexenjagd! Die Mitarbeiter können da ja am allerwenigsten dafür. Das war kein guter Stil.
>
> Das Ungerechte ist für mich, dass ich eine gute bis sehr gute Arbeit geleistet habe und dass das nicht mehr wiegt, als die Tatsache, dass ich einfach das falsche Parteibuch hatte. Ich hätte mir mehr Respekt erwartet für meine exzellenten Ergebnisse.

Einer unserer Studienteilnehmer wurde per SMS informiert. Einen anderen traf es per Handy am Strand, während er gerade ein paar Tage Urlaub genießen wollte. Seiner neben ihm liegenden Frau erzählte er erst Stunden später von dem Anruf,

© Springer Fachmedien Wiesbaden 2016
S. Debnar-Daumler et al., *Top-Manager in beruflichen Umbruchphasen,* essentials,
DOI 10.1007/978-3-658-13073-2_2

um sich seine „Urlaubsfreude nicht nehmen zu lassen". Einen üblen Beigeschmack hat es für viele, wenn ausgerechnet das Kündigungsgespräch nicht von dem eigenen Vorgesetzten oder dem Aufsichts- beziehungsweise Verwaltungsratsvorsitzendem geführt wird, sondern stattdessen von einem Vertreter des Personalbereichs. Oder, noch schlimmer, wenn die harte Botschaft von einer externen Person wie einem Anwalt oder einem Personalberater überbracht wird.

> Der Aufsichtsratsvorsitzende hat die Kündigung gar nicht selber ausgesprochen. Der Rechtsanwalt hat das Kündigungsdokument quasi vorgelesen. Dass der Aufsichtsratsvorsitzende noch nicht einmal den Mumm hatte, so eine ungeheuerliche Situation selbst zum Ausdruck zu bringen, war unerträglich.

Wir haben unsere Studienteilnehmer gefragt, wie sie vorgehen würden, wenn sie selbst einmal in die Rolle des Kündigenden kämen. Die Antworten zeigten einen hohen Grad an Übereinstimmung:

- Delegiere nie das Kündigungsgespräch an Dritte.
- Drücke Deine Dankbarkeit für das Geleistete aus.
- Vermittle Wertschätzung für das Gegenüber.
- Zeige Verständnis für emotionale oder unbedachte Reaktionen des Gegenübers.
- Sei authentisch und klar in Deinen Botschaften.
- Begründe Deine Entscheidung nachvollziehbar und stehe dazu.

Gerade der letzte Punkt einer ehrlichen und offenen Begründung der Kündigung wird von den Gekündigten „als das Mindeste nach so vielen Jahren der Arbeit" erwartet, aber von Arbeitgeberseite gerne vermieden, nicht zuletzt auch, um die eigene Position in einem möglichen arbeitsrechtlichen Verfahren nicht zu schwächen. Dennoch: Unsere Studienteilnehmer waren sich einig, dass ihnen eine wertschätzendere, empathischere und authentischere Art und Weise der Kündigung viel Zorn und Enttäuschung erspart hätte. Die meisten hätten sich wohl auch ein besseres Bild von ihrem bisherigen Arbeitgeber bewahrt. Zwar lässt sich mit einer menschlichen Art und Weise der Kündigung nicht der Fakt der Kündigung selbst schön reden oder relativieren, aber sie hilft, diesen besser zu ertragen.

Wer die Vorboten richtig deutet, behält das Heft des Handelns in der Hand

Die meisten der von uns befragten Top-Manager konnten die Vorboten des Umbruchs erst im Nachhinein richtig deuten und ins Gesamtgeschehen einordnen. Die Innenperspektive, das laufende Geschäft und die Verdienste der Vergangenheit verbauen den Blick auf die Warnzeichen des Umbruchs.

> Als es einen Kollegen erwischt hat, der vor mir gehen musste, fragte mich meine
> Frau: „Kann Dir das auch passieren?". Da habe ich voller Überzeugung geantwortet:
> „Das ist ausgeschlossen!". Und kurze Zeit später war ich in derselben Situation. Im
> Nachhinein muss ich sagen, ich hatte den Schuss nicht gehört.

Andere Manager erkennen zwar die Vorboten und erahnen bereits, was sich anbahnt, sind jedoch von der Komplexität dieser unbekannten Situation überwältigt und können dem Geschehen nur noch zuschauen.

> Ich war wie das Kaninchen und da war die Schlange. Ich war nicht handlungsfähig.
> Ich war auch nicht in der Lage für einen Befreiungsschlag.

Wer die Vorboten einer Kündigung sieht, diese richtig deutet und nicht im Unglauben über die Geschehnisse seine Handlungsfähigkeit verliert, kann aktiv werden, das Netzwerk außerhalb der Firma aktivieren und nach Alternativen suchen. Der Unterschied zu einem lockeren und durchaus üblichen Sondieren des eigenen Marktwerts liegt in der Entschiedenheit des Handelns. Der Entschluss, das Unternehmen zu verlassen, ist beim Top-Manager bereits gefallen. Man wartet lediglich aus verhandlungstaktischen oder arbeitsrechtlichen Gründen ab, dass das Unternehmen den aktiven Schritt der Kündigung vornimmt.

Dieser, in unserer Studie selten angetroffene Fall der eigenen Kündigung vor der ausgesprochenen Kündigung bietet psychologische Vorteile. Man bewahrt sich das Gefühl, das Heft des Handelns in der Hand zu halten und selbst über das eigene Schicksal entscheiden zu können.

Infobox: Psychologische Autorenschaft

Im Rahmen der positiven Psychologie, wie sie beispielsweise am Institut von Professor Martin Seligman in Pennsylvania gelehrt wird, werden radikale Konzepte der Autorenschaft diskutiert. Diese gehen davon aus, dass ein Mensch – egal was ihm zustößt – nie ein Opfer, sondern stets ein aktiv Handelnder, ein Autor seiner Gefühle, seiner Gedanken und seines Verhaltens ist. Demnach sehen sich so verstandene Autoren nicht als Opfer ihrer Umwelt oder des Schicksals sondern suchen und sehen stets den eigenen Handlungsspielraum. So sind sie spätestens im zweiten Augenblick nach einem kritischen Ereignis wieder in der Lage, über ihr Fühlen, Denken und Handeln autonom zu bestimmen. Man sieht sich nicht als Reiz-Reaktions-Automat, sondern als Autor seiner Biografie.

Allerdings hat das Warten auf die Kündigung durch den Arbeitgeber auch Merkmale eines Nervenkriegs.

> Zu wissen, dass das Ding tot ist, aber nicht zu wissen, wann die Schlange zubeißt – das ist die belastendste Zeit. Ich war nicht handlungsfähig. Das Kündigungsgespräch selbst war dann eine Erleichterung.

Die überwiegende Anzahl unserer Studienteilnehmer hat vor der erfolgten Kündigung durch den Arbeitgeber versucht in der angestammten Position zu verweilen und sich nicht zusätzlich angreifbar zu machen. Einige sind auch ihrerseits machtpolitisch aktiv geworden.

Je größer die Hoffnung war, eine Kündigung abwenden zu können, desto stärker fiel der spätere Zorn gegenüber den Mächtigen aus.

Sollte trotz der eigenen Aktivitäten und der damit verbundenen Hoffnung, eine Kündigung abwenden zu können, der unerwünschte Fall der Entlassung eintreten, gesellen sich zu dem Ärger über den Verlust des Arbeitsplatzes noch Zorn gegenüber den Mächtigeren und eine quälende Selbstanklage angesichts der offenbar falschen Einschätzung der eigenen Lage hinzu.

> Selbstzweifel spielten schon eine Rolle. Ich hab mich gefragt: Meine Güte, was hab ich falsch gemacht? Ich hätte doch erkennen müssen, dass ich nicht Zeit meines Arbeitslebens auf der Position sitzen bleiben kann, hätte erkennen müssen, dass ich nicht am CEO vorbei kann, hätte erkennen müssen, dass ich mich frühzeitig auch und besser um eine Position hätte bemühen müssen. Schuldgefühle auch. Das hab ich nicht gut gemacht. Nicht genug Lobbying für mich gemacht bei der Eigentümerfamilie, bei der Unternehmensleitung.

Wie tiefgreifend die Selbstzweifel und Vorwürfe schließlich ausfallen, hängt nicht nur mit der Situation, sondern auch mit der Persönlichkeit jedes einzelnen Managers und damit verbunden dessen Attributionsstil zusammen. Einige unserer Studienteilnehmer reagieren weniger emotional, sondern akzeptieren, dass bestimmte Dinge auch ohne ihren Einfluss geschehen und es eher darum geht, sich mit der Situation zu arrangieren anstatt sie zu verändern.

> Ich bin da fatalistisch. Ich hätte ja gar keinen Einfluss nehmen können. Und die politische Waage hätte ja auch genauso gut in die andere Richtung schlagen können. Ich stand halt einfach im falschen Parteibuch.

Wer die Kündigung nicht erahnt, erlebt den größten Schock.

Für die Gruppe der Top-Manager, welche keine Vorboten erkannt oder die Zeichen des anstehenden Rauswurfs zunächst falsch und erst im Nachhinein richtig

Abb. 2.1 Viele der Betroffenen verlieren durch den
Umbruch „den Boden unter
den Füßen"

verstanden hatten, kam die Kündigung wie der Blitz aus heiterem Himmel. Die
Reaktionen fielen entsprechend dramatisch aus. (Abb. 2.1)

> Ich war nahe einem Herzinfarkt. Das war eine absolute Grenzerfahrung.
> Als das akut war, als ich die Kündigung per Einschreiben in der Hand hatte – da hab
> ich geheult.

Bis auf wenige Ausnahmen, die den Moment der Gewissheit der Kündigung als
erleichternd und befreiend empfanden, sprechen die meisten Manager von schock-
oder tranceartigen Zuständen in dem Moment, der den Umbruch real werden lässt.
Einzelne Szenen des Geschehens bleiben dabei den Teilnehmern so lebhaft in Er-
innerung, dass sie diese beim Erzählen gleichsam wiedererleben. Andere Aspekte
scheinen dagegen wie aus dem Gedächtnis ausgelöscht.

> Ich weiß noch genau, wo ich saß, wo die Gesprächspartner saßen, kann aber heute gar
> nicht mehr sagen, welche Tageszeit das genau war, und auch nicht mehr, was ich dann
> unmittelbar danach getan habe. Das ist weg.
> Das war wie eine Verhörsituation, eine mir bis dahin völlig unbekannte Gesprächs-
> atmosphäre im Vorstand. Das hat mich derart überrollt, dass ich kraftlos wurde. Ich
> muss wohl bleich geworden sein. Irgendwann machte sich sogar der Vorstandsvor-
> sitzende sorgen und ließ mir ein Glas Wasser bringen.

Die erste Reaktion auf die Nachricht ist in der Regel Unglaube. „Ich hab gedacht,
da sei ein Fehler passiert und die meinen gar nicht mich." Doch es wird recht
schnell klar, dass die Situation weder ein böser Traum ist noch eine Verwechs-
lung. So steht man als entlassener Manager dann überrascht und ohne Plan vor den

Scherben der bisherigen Karriere und vor einer ungewissen Zukunft. Der etablierte Pfeiler des Lebens ist ins Wanken geraten.

> Das war unwirklich, abgeworfen in eine andere Welt. Der Kosmos hatte mich ausgespuckt.

Für einige entwickeln sich Trance und Schock des Umbruch-Moments in einen länger anhaltenden Zustand von Skepsis und Misstrauen. Wer der alten Weggefährten steht auf welcher Seite, wer ist Freund, wer ist Feind, wem kann ich noch trauen? So berichtete ein ehemaliger Vorstand, er hege bis heute den Verdacht, in der Zeit vor und nach dem Rauswurf abgehört worden zu sein. Dieser Verdacht verunsicherte ihn derart, dass er den Wagen des Handwerkers auf der gegenüberliegenden Straßenseite seines Hauses als Teil der Überwachung und Spionage vermutete.

Der Moment der Trennung und die unmittelbare Zeit danach konfrontieren die Betroffenen mit Wahrheiten und Erkenntnissen, die zuvor im scheinbar stabilen Gefüge der Karriere und in der Rolle und den Aufgaben des Managers keinen Platz hatten. Nicht nur die Enttäuschung über den wahren Wert mancher beruflicher Beziehungen und den teilweise als herabwürdigend empfundenen Umgang in der Kündigungssituation belastet die Manager in dieser Phase. Auch ist die Erkenntnis schmerzhaft, dass man den hohen persönlichen und sozialen Preis unbewusst in der trügerischen Annahme gezahlt hat, dass man persönlich wichtig sei und eben nicht nur als Träger einer Funktion.

> Was ich damals nicht verstanden hatte: Kategorien wie Dankbarkeit und Zugehörigkeit sind für moderne Firmen keine Kategorien mehr. Das gibt es einfach nicht. Das heißt: Den Dank kriegen Sie monatlich mit Ihrem Gehaltscheck. Und damit ist alles der letzten 25 Jahre kumuliert abgegolten.

Die emotionale Lage wird auch dadurch bestimmt, wie lange die ehemaligen Top-Manager nach der Entscheidung bis zum endgültigen Verlassen der Firma noch am Arbeitsplatz bleiben. So berichtete einer der Interviewten, dass er noch knapp drei Monate weiter gearbeitet habe. In dieser Zeit wurde er nicht mehr zu Meetings, Kongressen und sonstigen wichtigen Veranstaltungen eingeladen. Eines Morgens stellte er fest, dass Ordner mit Dokumentationen seiner langjährigen Arbeit als Leiter des Bereichs Forschung und Entwicklung des Unternehmens entfernt worden waren. Auf Nachfrage erhielt er die Antwort, dass die Unterlagen nicht mehr benötigt würden, sein Nachfolger brächte schließlich seine eigenen Ordner mit.

Die einzelnen Geschichten und Rahmenbedingungen der Umbrüche sind natürlich verschieden. Fast allen Schilderungen gemeinsam ist jedoch ein bedeutendes emotionales Tief nach dem Gewahr werden der Tatsache: hier geht's wirklich nicht weiter.

Das war durchaus auch eine depressive Phase. Ich wusste nicht, wie das ausgeht. Alles wurde dunkel. Es war Winter, morgens dunkel, abends dunkel, und da fallen Sie in ein Loch. Da wurden auch die Emotionen dunkel.

Infobox: Rumination (krankhaftes Grübeln)

Der aus der englischsprachigen psychologischen Forschung stammende Begriff der Rumination referiert auf das Wiederkäuen der Kühe um zu illustrieren, was den Prozess des krankhaften Grübelns beim Menschen ausmacht. So werden bestimmte negative Gedanken einer engen thematischen Eingrenzung immer wieder durchdacht, ohne dabei die bekannten Gedankenschleifen zu verlassen. Dieses Grübeln lässt sich durch zwei Eigenschaften charakterisieren: Selbstfokussierung und Abstraktheit. Ein negativer Selbstdialog wirft bspw. Fragen auf wie „Warum ist gerade mir das passiert?" oder „Was wäre, wenn ich anders gehandelt hätte?". Aufgrund der wenig konkreten und dabei problemfokussierten Denkweise sind diese Gedankenstrukturen wenig hilfreich, um die eigene Situation positiver und handlungsorientierter wahrzunehmen. Vielmehr weisen Studien auf einen nachweisbaren Zusammenhang zwischen dem Entstehen und Aufrechterhalten einer depressiven Phase und dem so verstandenen Grübeln hin. Problematisch ist, dass dieses Grübeln von den Betroffenen als sinnvoll im Sinne einer Problemlösung empfunden wird – der tatsächliche Effekt ist jedoch problemverstärkend. Hilfreich wäre vielmehr eine handlungs- und lösungsorientierte Denkweise, die weniger auf das vollständige Verstehen des Geschehenen als vielmehr auf eine zukünftige Ausrichtung abzielt.

Für eine genaue Analyse der emotionalen Reaktionen ist der Zeitpunkt der Kündigung nicht der kritische Moment. Je nach Umgang mit den Vorboten gilt es vielmehr denjenigen Zeitpunkt zu betrachten, in dem die Kündigung für den Top-Manager real wird. Zu der Erkenntnis, in dem angestammten Verantwortungsbereich nicht mehr wirken zu dürfen, kommen zahlreiche negative Emotionen wie Ohnmacht, Ärger und Zorn, Selbstzweifel, Enttäuschung oder Existenz- und Zukunftsängste hinzu.

Zudem wird rund um den realen Ausscheidungstermin die Trennung immer manifester: Es gilt, die thematischen Verantwortlichkeiten zu übergeben, das Büro zu räumen, Smartphone, Laptop, Firmenwagen, Schlüssel und Kreditkarten abzugeben und sich buchstäblich die Papiere abzuholen. Besonders schwer wiegt für viele die Aufgabe der langjährigen Handynummer und der allseits bekannten

Emailadresse. Mit einem Mal ist man von einem bedeutenden Teil des bisherigen Netzwerks kommunikativ abgeschnitten.

> Und dann bist Du zu Hause und stellst fest: Ich brauche ein Handy, ich brauche ein Auto. Aber wie geht das eigentlich? Über Jahre hinweg hatte sich meine Assistenz um so etwas gekümmert.
>
> Die Trennung manifestiert sich schrittweise, und jeder Schritt ist immer noch ein Stein mehr. Das macht einem immer wieder bewusst, dass da eine gute Zeit beendet ist und man noch nicht weiß, wo es hingeht. Es hat mich noch ein halbes Jahr lang begleitet, dass ich mich fit machen musste für das Neue, obwohl ich das Alte noch nicht abgeschlossen hatte.

Durch die manifest gewordene Trennung drängen sich ganz handfeste Fragen nach der eigenen Organisation und Tagesplanung auf. Man ist viel mehr zu Hause, bisher wichtige Bezugspersonen stehen nicht mehr zur Verfügung, neue sind noch nicht gefunden. Gleichzeitig muss ein Erklärungsmodell für die Freunde und Nachbarn zurecht gelegt werden. Der Lebenspartner, die Kinder, die Eltern und Geschwister fragen, wie es weitergehen soll. Fragen, die sich in der Vergangenheit nie gestellt oder rasch von selbst beantwortet haben, bleiben nunmehr unbeantwortet im Raum.

> Es ist ein riesiger Unterschied, wenn Sie früher nie zu Hause waren und dann plötzlich immer zu Hause sind. Und irgendwann ist der Keller auch aufgeräumt. Und dann stören Sie im familiären Alltag. Meine Frau hat das nie so gesagt, aber das spüren Sie. Sie stören den Ablauf. Früher war ich zum Frühstück da und dann zu keinem weiteren gemeinsamen Essen. Und dann saß ich plötzlich immer da. Das hört sich jetzt ein bisschen komisch an, aber ich habe bewusst versucht, mich aus dem Thema der Erziehung der Kinder herauszuhalten und auch keine Aufgaben im Haushalt zu übernehmen, weil ich ja der Meinung war, das Ganze ginge sehr schnell zu Ende.

Die häufigste, von uns beobachtete Reaktion auf die erfolgte Trennung, ist Aktivität. Es gilt, formale Aufgaben wie die Ausgestaltung eines Auflösungsvertrags, einer Aufhebung oder einer Kündigungsschutzklage auf den Weg zu bringen. Man kann die sofortige Aktivität als eine erste Bewältigungsstrategie bezeichnen. Manche Betroffene empfehlen sie sogar für die erste Phase:

> Ich würde raten, dass man guckt, dass man schnell für sich auch emotional eine Trennung hin kriegt. Dass man den Schreibtisch und den Schrank ausräumt, auch wenn das schwierig ist. Dass man sich verabschiedet von Menschen, an die man eine gute Erinnerung hat. Hier auch seine Einheiten abholt und sich anhört: „Ach ist das schade, dass Sie gehen".
>
> Ich habe mir die Frage gestellt: Wie sage ich auf Wiedersehen? Ich habe schließlich jedem der Vorstände einen persönlichen Brief geschrieben. Danke für die Zeit, die Unterstützung und das gemeinsame Wirken. Das war ehrlich und ernst gemeint, nicht

opportunistisch. Heute sage ich rückblickend: Auch deswegen geht's mir gut. Weil dieser persönliche Teil geklärt ist.

Die eigene Aktivität und erste, vielversprechende Gespräche lassen die Stimmung in den Wochen nach der real gewordenen Kündigung zunächst wieder steigen. Dass diese positive Entwicklung trügerisch ist und viele mit einer Enttäuschung zurücklässt, zeigt sich erst später.

Infobox: Kritische Lebensereignisse

Kritische Lebensereignisse verstehen sich unter einer psychologischen Perspektive als Ereignisse, die für die betroffenen Personen eine tiefgehende Veränderung darstellen. Dabei können diese sowohl positive (z. B. Geburt eines Kindes) als auch negative (z. B. Tod eines nahen Verwandten) Ursachen haben. Der Trierer Universitätsprofessorin Sigrun-Heide Filipp folgend sind Lebensereignisse besonders dann als kritisch zu verstehen, wenn sie

- selbst oder in ihrer Auswirkungen schwer vorherzusagen sind,
- tiefgreifende Veränderungen mit sich bringen,
- starke Emotionen auslösen,
- schwer oder gar nicht kontrollierbar sind,
- das Selbstbild und den Selbstwert beschädigen,
- Ziele und Vorhaben durchkreuzen und den Handlungsspielraum einengen,
- ein Ungleichgewicht und Verluste mit sich bringen,
- eine Anpassungsleistung der Umwelt oder der Person erforderlich machen.

Die spezifische Schwere der Auswirkung eines solchen Ereignisses kann individuell stark unterschiedlich ausfallen, doch lässt sich in empirischen Studien eine generelle Rangfolge der stressreichsten Ereignisse finden, die im oben genannten Sinne oftmals ein kritisches Lebensereignis darstellen. So sind der Tod des Ehe-/Partners, eines nahen Verwandten oder eine eigene schwere Erkrankung die am häufigsten genannten Auslöser. Den Studien zufolge kann aber abhängig von der subjektiven Bedeutung ebenso die Kündigung eines Darlehens oder der Verlust des Arbeitsplatzes dazu führen, dass kritische Lebensereignisse auftreten.

2.1 Tipps vom Top-Executive Karriereberater

Einbeziehung des familiären und sozialen Umfelds Es hilft, mit der Thematik offen umzugehen und keinen Raum für Spekulationen zu geben, die ohnehin angestrengt werden. Auf der Ebene der TOP-Manager stehen Trennungen heute auf der Tagesordnung. Niemand, der auf dieser Ebene je tätig war, wird Unverständnis zeigen und die Situation als Scheitern verstehen. Bei der Überwindung des potentiellen Tiefs nach der Gewissheit über den Ausstieg ist das familiäre Umfeld eine entscheidende Stütze. Zusätzlich können Menschen bei der Einordnung und Reflektion helfen, die selbst schon einmal ähnliche Erfahrungen gesammelt haben.

Benachrichtigung der engen Kontakte Mit dem Ausscheiden, aber auf jeden Fall vor Veröffentlichung des Ausscheidens müssen die engsten Kontakte über die neue Situation unterrichtet werden. Da der Betroffene in naher Zukunft gerne von seinen Kontaktpartnern profitieren möchte, werden sie es ihm nicht verzeihen, wenn sie über Dritte von dem Ausstieg erfahren haben. Hier gilt es, schnell die enge Beziehung mit Vertrauen zu belohnen.

Juristische Unterstützung In jedem Fall ist es notwendig, juristische Unterstützung einzuholen. Manche Betroffene glauben, dass sie in der Lage wären, ihre Angelegenheiten selbst zu regeln und vernachlässigen die Tatsache, dass sie hochgradig emotional involviert sind und in den meisten Fällen keine Experten im Arbeits- bzw. Organbestellungs- oder Dienstvertragsrecht. Die Verhandlungen sollen die materielle und rechtliche Basis sichern und haben eine immense Bedeutung für die nachfolgende Phase der beruflichen Neuorientierung. Ob der rechtliche Beistand auch in die direkten Verhandlungen mit dem Arbeitgeber oder dessen rechtlichen Beistand einbezogen werden sollte, ist nicht pauschal zu beantworten. Vielfach ist es ausreichend, sich im Hintergrund beraten zu lassen und dann die Verhandlungen selbst zu führen.

Zusätzlich kann bei der Verhandlungsführung ein auf dieser Ebene erfahrener Berater helfen, der genau abzuschätzen weiß, was im Rahmen der Verhandlungen für die weitere Karriere nützlich oder eher hinderlich sein kann (z. B. der Wortlaut der Pressemitteilung oder der internen Kommunikation im Unternehmen).

Referenzfähigkeit erhalten Auf der Ebene der Senior Executives spielen Referenzen eine entscheidende Rolle. Sehr wünschenswert ist es, auf Nachfrage eines potenziell neuen Arbeitgebers auch aus dem letzten Unternehmen einen hochwertigen Referenzgeber benennen zu können. Sollten die Verhandlungen über einen Ausstieg sich aber verhärten oder zu einem ernsten (juristischen) Konflikt ausweiten, ist die Bereitschaft von Personen aus diesem Unternehmen, als Referenz zu fungieren, meist sehr begrenzt. Darum empfiehlt es sich im Zweifel eher, auf den letzten Teilbetrag der Abfindung zu verzichten, als den Bogen dramatisch zu überspannen.

Zeugnisse spielen auf dieser Ebene eine eher untergeordnete Rolle. Da sie meist Inhalt einer Aufhebungsvereinbarung sind, ist ihre Aussagekraft begrenzt. Salopp formuliert, kann man sagen: „Ein gutes Zeugnis bringt Ihnen nichts, ein schlechtes bringt Sie um". Dass man den Referenzgeber auf den Anruf eines Referenzeinholers vorbereiten muss, sollte sich von selbst verstehen. De facto ist die Referenz ein Bewerbungsgespräch über Dritte, auf das der Referenzgeber vorbereitet werden muss.

Eine trügerische Hoffnung: Es geht wieder aufwärts

Im Moment des Realwerdens der Trennung führt die Kombination aus negativen Gefühlen, ungelösten Zukunftsfragen und Existenzängsten zu einem emotionalen Tief. Je nach Fallhöhe kann der Absturz aus der bisherigen Spitzenposition äußerst schmerzhaft sein.

Die Aktivität nach dem Schock hilft, das emotionale Tief zu bekämpfen.

Nach der Überwindung des ersten Schockerlebnisses wird man in der Regel aktiv. Glücklicherweise stellen sich einige Aufgaben regelrecht zwangsläufig. Darunter fallen, wie erwähnt, Fragen der Abwicklung der Trennung wie beispielsweise die Übergabe von Aufgaben, die Verhandlung über eine Abfindung, Gespräche mit einem Anwalt oder gegebenenfalls arbeitsrechtliche Schritte.

Fragen nach der finanziellen Absicherung der Familie oder der Altersvorsorge, die sich in den Jahren zuvor nicht gestellt oder von alleine gelöst hatten, drängen sich plötzlich in den Vordergrund.

Wir leben auf einem Lebensstandard – da geht es nicht mehr mit einem Sachbearbeitergehalt. Und die Frage, wie es weitergehen soll, ist nicht so leicht zu beantworten.

Ja, Du bist jetzt frei, ok. Frei sein heißt aber, dass man nichts hat. Und das wird dann schon schnell existenziell, wenn Sie sich darüber definiert haben.

Fast allen unserer Studienteilnehmer wurden Abfindungen gezahlt, die diese selbst als „großzügig", „höchst generös" oder „Aufhebungsvertrag erster Güte" bezeichneten. Für einige wenige stellten sich die finanziellen Fragen durch das erhaltene Aufhebungspaket nicht mehr („Ich muss nicht mehr für Geld arbeiten."). Allerdings auch für diese wenigen Ausnahmefälle blieb die Frage nach der weiteren beruflichen Betätigung.

© Springer Fachmedien Wiesbaden 2016
S. Debnar-Daumler et al., *Top-Manager in beruflichen Umbruchphasen*, essentials,
DOI 10.1007/978-3-658-13073-2_3

> Ich habe mir gesagt: Jetzt ist es mein neuer Job, einen Job zu suchen. Und so bin ich
> dann auch ran gegangen.

Mit zielstrebigem Arbeitsethos gehen viele entlassene Top-Manager die Suche
nach einer neuen Herausforderung an. Recherchieren, Optionen generieren, Prob-
lem angehen und lösen. So war man es gewohnt, so geht man es an. Dabei werden
der Eifer und die Kampfeslust durch den Ärger über den alten Arbeitgeber zusätzlich angestachelt:

> Ich dachte, da werde ich schon selber heraus kommen. Da hau ich zurück. Ich werde
> es Euch zeigen: In zwei Monaten bin ich eh an einer anderen Stelle und dann wird
> es Euch leidtun.

Ein weiterer Antreiber in der Phase unmittelbar nach der Kündigung ist in der
Angst zu sehen, schnell den eigenen Marktwert zu verlieren. Man fürchtet:

> Sobald der Fisch aus dem Wasser ist, fängt er an zu riechen. Und jetzt bist Du ja schon
> acht Monate ohne Job. Da fragen sich die Anderen doch: „Warum hat den denn noch
> keiner weggefischt?".

Wie Personalberater bestätigen, ist diese Angst unbegründet. Eine Ruhe- und
Orientierungsphase von bis zu einem Jahr wird beim Spitzenpersonal in der Wirtschaft vollkommen akzeptiert.

In der unmittelbaren Phase nach der Kündigung fällt es allerdings schwer, die
eingeschobene Reise oder die besondere Aktivität, für die man eigentlich nie Zeit
hatte und die man jetzt endlich nach der Kündigung angehen kann, zu genießen.
Man möchte zunächst wissen, wie es beruflich weitergehen soll. Was bleibt ist
allerdings der positive Effekt der Ablenkung.

> Einfach einmal auf andere Gedanken kommen. Das hat schon geholfen.

Die eigene Aktivität, unabhängig davon, ob sie auf das Bearbeiten der beruflichen
Herausforderung ausgerichtet ist oder zunächst in Ablenkung besteht, führt nach
den angespannten Zeiten und den aufreibenden Erlebnissen rund um die Kündigung selbst zu einer positiven Kehrtwende. Emotional geht es bergauf. (Abb. 3.1)
Zusätzlich gestärkt wird der positive Trend nach der Kündigung durch die Trennung vom Alten. Es empfiehlt sich, schnell einen Schnitt zu machen und sich ge-
danklich und emotional rasch zu lösen. Allerdings: Während sich die formalen
Aufgaben des Abschiednehmens noch recht gut angehen lassen, bleiben negative

Abb. 3.1 Nach einem ersten, meist heftigen Tief geht es für die Manager meist recht bald wieder emotional bergauf. Pläne werden geschmiedet und es wird erwartungsfroh in die Zukunft geblickt

Befindlichkeiten ungewollt lange. Es besteht nach der erlittenen Kränkung der starke Wunsch nach Wiedergutmachung. Erst wenn es gelingt, den Anspruch auf Wiedergutmachung aufzugeben, wird man wirklich frei.

Nur wer den Anspruch auf Wiedergutmachung aufgibt, gewinnt seine Freiheit zurück.

Mit gewohnter Entschlossenheit und Zielstrebigkeit arbeiten die meisten Entlassenen in den ersten Wochen nach einem Ausscheiden auf ihren nächsten beruflichen Karriereschritt hin. Man verlässt sich auf seine gewohnten Erfolgsmuster und vertraut auf seine angestammten Fähigkeiten. Das persönliche Umfeld ist es gewohnt, positive Nachrichten und Erfolgsmeldungen von dem Spitzenmanager zu bekommen. Man erwartet, dass der entlassene Top-Manager rasch eine neue, womöglich bessere Stelle antreten wird. Dies erwartet der Entlassene auch von sich selbst. Man sucht in aller Regel nach einem sehr ähnlichen Job, idealerweise mit etwas mehr Gehalt als zuletzt. Tatsächlich verlaufen dann auch die ersten Gespräche vielversprechend. Zudem treffen die Abfindungszahlungen ein und man fängt langsam an, die gewonnene freie Zeit zu genießen und gestaltend zu nutzen:

> Mensch, ich kann doch jetzt auch mal etwas ganz anderes machen! Ist doch eigentlich auch ganz schön, jetzt mal die Freiheit zu haben. Diese Erkenntnis kam zunehmend.

Kurzum: Die ersten Wochen nach dem emotionalen Tief sind für die meisten entlassenen Top-Manager von einem vielversprechenden Aufschwung geprägt. Erst nach und nach schleicht sich die Erkenntnis ein, dass die berufliche Umbruchphase viel länger dauern und deutlich mühsamer werden kann, als im ersten Moment gedacht.

3.1 Tipps vom Top-Executive Karriereberater

Aktivitäten außerhalb des beruflichen Umfelds Nicht nur zur Ablenkung, sondern auch zur Steigerung von identitätsstiftenden Momenten, empfiehlt es sich, Aktivitäten außerhalb des beruflichen Umfelds zu suchen. Beispiele sind hier ehrenamtliche Tätigkeiten, soziale oder caritative Unterstützungen, Arbeit in Verbänden oder sonstigen Organisationen. Ziel ist es, auch hier Bestätigungen zu finden, neue Kontakte für das eigene Netzwerk zu knüpfen und letztlich auch sinnvolle Nachweise für die Zeit der Suche nach einer neuen beruflichen Herausforderung erbringen zu können. Nicht unterschätzt werden sollte auch hier wieder die Tatsache, dass selbst Kontakte, die man für nicht förderlich hält, sich im Nachhinein als extrem hilfreich erweisen, weil man Personen begegnet, die selbst über ein Netzwerk verfügen.

Neutrale Sparringspartner – eigenen USP erarbeiten Wenn das soziale Umfeld in der ersten Zeit noch extrem hilfreich war, kann es in den allermeisten Fällen im weiteren Prozess nur als emotionale Stütze dienen. Es ist dringend erforderlich, sich mit einem neutralen und profilierten Sparringspartner auseinanderzusetzen, der ein offenes und konstruktives Feedback gibt – aber der eben nicht schon auf anderen Ebenen eine Beziehung zu dem Betroffenen hat. Es hilft sehr, wenn dieser Sparringspartner über professionelle Erfahrungen in der Arbeitswelt auf Top-Management Ebene verfügt, beziehungsweise selbst Erfahrungen mit Umbruchsituationen hat. Erste Schritte gehen in die Fragestellung der beruflichen Zielsetzung, der eigenen Wertvorstellungen, der Herausarbeitung seines Mehrwertes und der Identifikation des Umfeldes, wo dieser Mehrwert zielführend eingesetzt werden kann. Der neutrale Sparringspartner hat zum einen die Aufgabe, die Vorstellungen des Betroffenen immer wieder kritisch zu beleuchten, einen Abgleich zwischen dem Gesagten und dem Beobachteten herzustellen und mit dem Betroffenen zukünftige Szenarien zu erarbeiten und durchzuspielen.

Richtige Botschaften für die Netzwerkkontakte In jedem Fall ist die Erarbeitung von Botschaften für die anzusprechenden Kontakte unabdingbar. Im ersten Schritt ist die Geschichte über die erfolgte Trennung zu erarbeiten. Sie muss wahr, authentisch und vor allen Dingen kurz sein. Die Geschichte muss auch für Zuhörer nachvollziehbar sein, die das Unternehmensumfeld und die handelnden Personen nicht kennen. In der Praxis ist erlebbar, dass die Trennungsgeschichte oft sehr ausgiebig und ausgeschmückt mit allen Einzelheiten dargestellt wird. Alles das ist kontraproduktiv und hinterlässt beim Gesprächspartner leicht den Eindruck eines starken Rechtfertigungswunsches zum Ausstieg aus dem Unternehmen. Trennungen auf dieser Ebene gehören heute jedoch zur Tagesordnung und sind – außer für den Betroffenen selbst – nichts Ungewöhnliches. Auch sollte das eigene Netzwerk niemals mit der banalen Bitte nach der Unterstützung auf der Suche nach einem neuen Job angesprochen werden. Mit dieser adressierten Anspruchs- und Erwartungshaltung werden die eigenen Kontakte oft eher verschreckt als zur Unterstützung angespornt. Der Austausch über die berufliche Neuorientierung, die Diskussion über eigene Pläne oder das zusätzliche Einholen von Meinungen müssen im Vordergrund stehen und aktivieren schnell den „Hilfsinstinkt" der Ansprechpartner. Dennoch bleibt zu konstatieren, dass sich in dieser Phase oft erstmals die Wertigkeit des eigenen Netzwerkes offenbart. Leider wächst hier häufig die Erkenntnis, dass nicht alle als belastbar eingeschätzten Kontakte auch wirklich hilfreich sind. Demgegenüber erweisen sich Kontakte als unterstützend, die bislang eher lose präsent waren. Auch die Bedeutung des Netzwerks der eigenen Kontakte sollte nicht unterschätzt werden.

Sichtbarkeit von passenden Vakanzen Die Suche nach einer geeigneten Position führt meist zu der Erkenntnis, dass interessante Stellen auf dieser Ebene nicht ausgeschrieben werden. Der Marktzugang als Kandidat erfolgt in der Regel durch Kontaktanbahnungen oder das „Multiplizieren" von Kontakten über andere Kontakte. Initiativbewerbungen können punktuell Sinn ergeben, führen aber bei vermehrtem Einsatz – vor allem in einer kleinen Branche – ganz sicher zum Verbrennen des Profils und zur Herabsetzung der eigenen Person. Oft wird behauptet, dass man sich auf dieser Ebene nicht bewirbt, sondern als Kandidat identifiziert wird. Dies ist sicher zu spitz formuliert, weil es den Suchenden zu sehr in die passive Rolle drängt. Vielmehr muss man aktiv daran arbeiten, schneller als Kandidat überhaupt identifiziert zu werden. Ein weiteres Phänomen ist die Tatsache, dass Positionen auf dieser Ebene nicht in großer Fülle vorkommen und meist aktuell besetzt sind.

Netzwerke von Dritten instrumentalisieren Erweist sich das eigene Netzwerk nicht als belastbar, sind Überlegungen anzustrengen, wie Netzwerke von Dritten genutzt werden können. Dies kann in Form von Aktivierung der Kontakte der eigenen Kontakte erfolgen oder durch die Nutzung eines auf dieses Segment spezialisierten Beraters. Dabei ist darauf zu achten, dass das Beratungsunternehmen auf das Senior-Level spezialisiert ist, über geeignete und auf dieses Level spezialisierte Berater verfügt und wirklich Kontakte oder Netzwerkzugänge auf entsprechender

Ebene bereitstellen kann. Letztlich ist natürlich kein Beratungsunternehmen in der Lage, Stellen zu schaffen. Die richtige Beratung beschleunigt allerdings immens den Suchprozess. Weitere mögliche Netzwerke sind bspw. Business Clubs in allen größeren Städten, Rotary, Lions, internationale Handelskammern (Amcham, BCCG etc.), in denen systematisch ein Kennenlernen von interessanten Persönlichkeiten möglich ist. Auch hier gilt: Vorbereiten von möglichen Kontaktanbahnungen durch Entwicklung der richtigen Botschaften für die Ansprache und die weiterführenden Gespräche.

Die Wiedereinstiegsillusion zerplatzt 4

Nach den ersten vielversprechenden Erfolgen und mit dem zunehmenden zeitlichen und räumlichen Abstand geht es emotional nach der Kündigung zunächst bergauf. Allerdings schleicht sich nach unschönen Rückschlägen ein zehrender Selbstzweifel ein: Könnte es möglich sein, dass man keine neue, erfüllende berufliche Herausforderung findet?

> Ich hatte Angst, bis ans Lebensende da unten zu bleiben. Ich hatte das Gefühl: Du findest einfach nix. Außerdem können die Dir gar nicht das Gehalt zahlen, das Du perspektivisch bekommen müsstest.

Die Hoffnung auf einen raschen Wiedereinstieg schwindet zunehmend; wir sprechen in diesem Zusammenhang vom Zerplatzen einer Illusion.

Die Erwartung eines raschen Wiedereinstiegs ist eine Illusion.

Von allen Teilnehmern unserer Studie fand ein einziger innerhalb von sechs Monaten eine neue, der vorigen Position ähnliche Beschäftigung: Durch Zufall wurde gerade bei der direkten Konkurrenz sein Traumjob frei. Im Normalfall stellt man hingegen fest, dass „die Welt nicht auf einen wartet", wie ein Studienteilnehmer ernüchtert feststellen musste. Das Ausbleiben von attraktiven Angeboten, das Scheitern oder sich Hinschleppen von anfangs vielversprechenden Gesprächen und das Erleiden von direkten Absagen – all das zehrt an den Nerven.

> Was soll ich denn ansonsten machen? Ich kann doch gar nix anderes. Soll ich mich dann selbstständig machen? Da bin ich doch gar nicht der Typ für.

Zusätzliche Empörung setzt ein, wenn man „wie ein Berufseinsteiger behandelt" wird oder einen anspruchsvollen Job für ein als zu niedrig empfundenes Gehalt angeboten bekommt.

© Springer Fachmedien Wiesbaden 2016
S. Debnar-Daumler et al., *Top-Manager in beruflichen Umbruchphasen*, essentials,
DOI 10.1007/978-3-658-13073-2_4

Was man kriegt, das gefällt einem nicht. Und was man will, das bekommt man nicht.

Anders als der Moment des Realwerdens der Kündigung erfolgt die Entlarvung der Wiedereinstiegsillusion schleichend und kann nicht an einem bestimmten Datum festgemacht werden. Emotional erweist sich die Phase der Zerstörung der Wiedereinstiegsillusion aber häufig als ebenso belastend wie die erlittene Kündigung selbst. Es kann von einem weiteren kritischen Lebensereignis gesprochen werden, in diesem Fall nicht verursacht durch das Eintreten eines ungewünschten, sondern durch das Ausbleiben eines gewünschten Ereignisses. Erschwerend kommt hinzu, dass das zweite emotionale Tief unerwartet kommt und nicht mit der Hoffnung auf eine rasche Besserung verknüpft ist (Abb. 4.1).

Betrachten wir zunächst die spezifischen Charakteristika des emotionalen Tals rund um das Zerplatzen der Wiedereinstiegsillusion. Es zeigt sich, dass es nicht nur die Ent-Täuschung über das Ausbleiben des raschen Wiedereinstiegs ist, was diese Phase so schwierig macht. Zusätzlich zeigen sich handfeste Herausforderungen im Bewerbungsprozess, im sozialen Umfeld und bei der Entscheidungsfindung.

Es fällt schwer, sich selbst als Bewerber zu betrachten.

Sich in der Rolle eines Bewerbers wiederzufinden, wird von vielen vom Umbruch betroffenen Top-Managern zunächst mit Unglaube oder Nicht-Wahrhaben-Wollen quittiert. Mancher fühlt sich erniedrigt, andere gestehen sich ein, keine Erfahrung oder Kenntnis darüber zu haben, wie man sich als Bewerber verhalten sollte; schließlich ist man in der Vergangenheit stets von anderen angesprochen und gebeten worden, eine neue, zumeist größere Verantwortung zu übernehmen.

Abb. 4.1 Der schnelle Wiedereinstieg erweist sich fast immer als Illusion. Eine langwierige, enttäuschende und mit zahlreichen Rückschlägen verbundene Phase wird durchlebt

Innerlich ist eine starke Ablehnung vorhanden, sich anderen zu präsentieren oder sich auf einen formalen Auswahlprozess einzulassen.

> So ein Assessment Center, also aus dem Alter bin ich raus. Das hast Du jetzt eigentlich gar nicht nötig, das tust Du Dir nicht an. Da hatte ich auch gar keine Lust dazu.

Hilfreich kann in dieser Phase die Zusammenarbeit mit Personalberatern sein, die bei der professionellen Aufbereitung des eigenen Lebenslaufs oder dem Anbahnen von Erstgesprächen unterstützen können. Allerdings muss man sich vergegenwärtigen, dass die meisten Personalberatungen von der Unternehmensseite mandatiert werden und daher in aller Regel „Personen für Mandate suchen – nicht andersherum", wie ein Studienteilnehmer enttäuscht anmerkte. Die Berücksichtigung der spezifischen Situation des eigenen Falls kommt dabei häufig zu kurz. Erhielt man vor dem ungewollten Umbruch noch zahlreiche Anrufe von Headhuntern, die man – halb genervt, halb geschmeichelt – abgewehrt hatte, wünscht man sich in dieser Phase, dass sich überhaupt jemand von sich aus meldet.

> Dann kam dieses Gefühl, ausgeliefert zu sein, im Sinne von Hilflosigkeit und auf andere angewiesen zu sein, verbunden mit dem Tiefpunkt zu wissen, ja, Du bist im Grunde von diesem Unternehmen abhängig, das Dich gerade rausgeschmissen hat. Und zu wissen, dass sich das im Zweifel hinziehen könnte.

Die in der Spitzenposition entwickelte Vermengung aus Rolle und Person wurde durch das Ausscheiden aus dem Unternehmen abrupt getrennt. Es bleibt die Ernüchterung darüber, wie wenige echte Freunde bleiben, wenn die berufliche Spitzenposition wegfällt. Im Nachhinein wünschten sich viele unserer Studienteilnehmer, sich nicht so stark von ihrem alten Arbeitgeber abhängig gemacht und stattdessen mehr in den Aufbau und die Pflege eines freundschaftlichen beruflichen Netzwerks außerhalb ihrer Firmen wertgelegt zu haben.

> Am Schlimmsten ist diese Tiefphase, in der nichts vorwärts geht. Die Leute reagieren nicht auf mich. Meine Kontakte, die ich immer als besonders gut interpretiert hatte, erweisen sich als Rohrkrepierer. Nichts passiert mehr.

Das soziale Umfeld hält länger als man selbst an der Wiedereinstiegsillusion fest. Dies verursacht erhebliche zwischenmenschliche Spannungen.

Während man selbst nach und nach erkennt, dass ein rascher Wiedereinstieg in ein zum vorigen Job vergleichbares Betätigungsfeld nicht so leicht gelingen wird, hält das soziale Umfeld noch an der Wiedereinstiegsillusion fest. Die zunehmend ungleichen Sichtweisen und sich entzweienden Erwartungshaltungen bezüglich der zukünftigen beruflichen Situation verursachen erhebliche Spannungen in der Familie.

> Freunde und Bekannte haben gesagt: „In Deiner Position, mit Deinem CV, da müssten doch die Leute Schlange stehen vor Deinem Haus." Ja, da steht aber keiner. Und es ruft auch keiner an.

Der sich neu orientierende Manager stellt fest, dass es – wenn überhaupt – nur ganz wenige Menschen gibt, die ihn in dieser Phase verstehen. Man fühlt sich missverstanden und stellt fest, dass die Erfahrungswelten doch weit auseinander liegen.

> Und dann erzählt der Nachbar, wie die Zwetschgen wachsen. Und ich erzähle ihm, dass ich vor sechs Monaten mit Cristina Kirchner [ehem. Präsidentin von Argentinien] ein Abendessen hatte. Kennt er nicht, ok. Ich weiß auch nicht, wie seine Zwetschgen heißen. Da sind einfach Welten dazwischen. Es liegt nicht am Bemühen, aber die Themen sind einfach so unterschiedlich.

Es fällt auf, dass sich das Verhalten von Freunden und Bekannten verändert. Wurde man anfangs noch aufgeregt optimistisch gefragt, was man sich als nächstes vornähme, lautet die häufigste Frage mittlerweile, wie lange man schon suche. Wohlmeinende Ratschläge, sich Zeit zu lassen und in Ruhe zu suchen, verfangen sich nicht. Man ist unruhig, will endlich Klarheit über die weitere berufliche Entwicklung. Diese findet man aber trotz gesteigerter Anstrengungen nicht.

> Die Leute haben gesagt: „Lass Dir Zeit", aber das hilft in dieser Phase nicht weiter. Nichts zu finden und nicht zu wissen, wie es weitergeht, das kratzt einfach am Selbstbild.
> Was unsäglich nervt: Der Nachbar guckt, was wir machen. Und der sagt: „Du musst dann aber schon jetzt mal …" oder „Ja, was machst Du denn jetzt?". Das ist gut gemeint, hilft aber in der Phase nicht und nervt.

Die zunächst als Unterstützung begrüßte Anteilnahme des sozialen Umfelds hat sich über die Wochen hinweg zum nervigen Problemverstärker entwickelt. Wenn das Selbstbewusstsein ohnehin gerade einen Schaden genommen hat, ist man nicht bereit für geduldige Auseinandersetzungen mit den Ansichten und Fragen von nervigen Nachbarn oder Bekannten. Nicht wenige reagieren mit sozialem Rückzug.

Neben den Spannungen im sozialen Umfeld und der für viele schwierig anzunehmenden Rolle als Bewerber gibt es eine dritte, handfeste Herausforderung in dieser langwierigen Phase der Enttäuschung: Wie und wann entscheide ich mich für eine neue Aufgabe? Besteht die Anfangsphase der Jobsuche vornehmlich in der Generierung von Optionen, so liegen nun die ersten Möglichkeiten auf dem Tisch und stehen zur Entscheidung an. Die Alternativen werden, bewusst oder unbewusst, mit dem verglichen, was man zuvor hatte. Und dieser Vergleich fällt zu häufig negativ aus.

Es ist logisch, dass mögliche neue Jobs beim Vergleich mit dem Bisherigen schlecht abschneiden. Diese Logik will man aber für sich noch nicht gelten lassen.

Als erstes fällt auf, dass das angebotene Jahreszielgehalt in aller Regel unter dem zuletzt erreichten Niveau liegt. Dies ist leicht erklärbar, schließlich hat man typischer Weise in der alten Karriere einen längeren Erfolgsweg innerhalb des Unternehmens zurückgelegt. Jeder Entwicklungsschritt zu mehr Verantwortung bis hin in die Spitzenpositionen war mit mehr Gehalt verbunden. Ist man von extern in die letzte Spitzenposition gewechselt, war der zurückliegende Wechsel ebenfalls mit einem Risikoaufschlag und der Aussicht auf eine höhere Vergütung verbunden. Das durch die Anwerbung des letzten Unternehmens oder durch den langjährigen Erfolg innerhalb eines Unternehmens erreichte Gehaltsniveau liegt dann meist über dem Marktüblichen. Entsprechend niedriger und für Viele ernüchternd fallen dann die sich nach dem Ausscheiden ergebenen Angebote aus.

Ein zweiter Aspekt sind die zumeist geringeren Verantwortlichkeiten und Zuständigkeiten. Hat man sich bei seinem alten Arbeitgeber ein hohes Maß an Verantwortung und damit verbundener Autonomie und Entscheidungsfreiheit erarbeitet, so findet man diese als Einsteiger in einem neuen Unternehmen nicht in gleichem Maß vor. Das Vertrauen muss man sich erst erarbeiten. Man stellt sich die Frage, ob man diese Arbeit noch einmal auf sich nehmen möchte.

Und Drittens fällt ein weiterer Vergleich zwischen der bisherigen und der potenziell zukünftigen Arbeitsstelle ebenfalls negativ aus: Auf welcher Hierarchiestufe findet man sich im neuen Unternehmen wieder? In der persönlichen Vergangenheit kannte man nur den Weg aufwärts. Mit jedem Karriereschritt, ob intern vollzogen oder im Rahmen eines Unternehmenswechsels, stieg man die soziale Leiter weiter hinauf. Nun sollte ein Weg zurück in der Entscheider-Rangfolge plötzlich eine erwägenswerte Option sein?

Sich unten wieder einsortieren müssen und sich eingestehen, ich bin dann doch gescheitert, habe im Privatflieger gesessen und fange jetzt wieder unten an, das kann doch nicht sein! Da hatte ich echt Manschetten.

Aller Wahrscheinlichkeit nach schneiden alternative Arbeitsstellen beim Vergleich mit dem bisherigen Verantwortungsbereich schlechter ab. Diese Logik lässt man aber in dieser Phase noch nicht für sich gelten, vielmehr hält man an seinen Zielen, etwas Vergleichbares oder Besseres zu finden, weiter fest. Die Aufmerksamkeit wird nach innen gelenkt, man immunisiert sich immer mehr gegen Rückschläge und strengt sich noch mehr an, das gesteckte Ziel zu erreichen. Die in der Vergangenheit bewährte und womöglich vielfach gelobte Beharrlichkeit bei der Zielverfolgung erweist sich in dieser Phase als wenig hilfreich. Die gewohnten Rezepte funktionieren nicht, es bedarf nunmehr einer anderen Qualität anstatt eines Mehr des Gewohnten.

Der Übergang von einer hartnäckigen Zielverfolgung zu einer flexiblen Zielanpassung markiert den Wechsel in eine neue Phase.

Die Phase der beruflichen Neuorientierung nach dem Platzen der Wiedereinstiegsillusion ist die letzte der von uns beschriebenen Schritte des Umbruchs. Hier liegen die Chancen eines Neuanfangs, hier werden die Weichen gestellt für das erfolgreiche Bewältigen des Umbruchs, der bei unseren Studienteilnehmern rückblickend zu einer höheren Lebenszufriedenheit führte, als sie es vor dem Ausscheiden bei ihrem alten Arbeitgeber erlebt hatten.

4.1 Tipps vom Top-Executive Karriereberater

Neuorientierung braucht Geduld Die wichtigste, aber auch schwerste Botschaft ist: Die Neuorientierung im Senior Executive-Bereich braucht Geduld und Gelassenheit. In der Praxis ist von ca. neun Monaten auszugehen. Dies hängt aber ab von Kriterien wie regionaler Verfügbarkeit, finanzieller Flexibilität und einer möglichst branchenübergreifenden Einsatzmöglichkeit.

Zeit nehmen für Aktionspläne Ein weit verbreiteter Fehler bei der Neuorientierung ist oftmals ein fast sinnfreier Aktionismus, ohne sich vorher Gedanken über eine Branche oder ein Unternehmen gemacht zu haben. Auch Top-Manager haben auf den obersten Ebenen den Nachweis zu erbringen, warum gerade sie einen Mehrwert für das Unternehmen darstellen. Aus all diesen Gründen ist eine gründliche Vorbereitung von Aktionen, ein systematischer Angang von passenden Branchen und Unternehmen und eine ausgeprägte Informationsbeschaffung im Vorfeld erfolgsentscheidend.

Veranstaltungen – je länger unterwegs, desto anstrengender Es ist wichtig, auch in der Phase der Suche sichtbar zu sein und weiter gesellschaftliche Anlässe zu nutzen, um sich zu vernetzen und neue Personen kennen zu lernen. Hier dienen wieder Business-Clubs und andere Veranstalter als Einladungsquellen. Mit fortgeschrittener Zeit und durch die Tatsache, dass viele Gäste auf solchen Veranstaltungen natürlich wissen, dass man sich beruflich neu orientiert, steigt bei ständiger Frage nach dem Erfolg der bisherigen Orientierungsversuche der Unmut beim Betroffenen. Man muss lernen, damit gelassen umzugehen und immer wieder zu signalisieren, dass es nicht darum gehen kann, irgendein Angebot anzunehmen, sondern das Richtige im richtigen Unternehmen.

Das Außenbild Mit der Zeit wachsen Ungeduld und Verunsicherung bei der Neuorientierung. Auch wenn es schwer fällt, muss das Außenbild jedoch gelassen und unaufgeregt wirken. Ein guter Zuhörer oder Interviewer im Unternehmen spürt diese Unsicherheit. Dieser Zustand ist dringend zu vermeiden, da dies nicht nur an der Standfestigkeit des Managers zweifeln lässt, sondern auch seine Verhandlungsbasis schwächt. Gespräche zwischen dem Top-Manager und einem interessierten Unternehmen sind Gespräche auf Augenhöhe, wo jeder etwas zu bieten hat und in die Waagschale wirft. Diese nach außen wirkende Gelassenheit, ist notfalls zu trainieren. Hier hilft wiederum das Feedback eines neutralen Sparringspartners.

Suchfelder vergrößern Wichtig ist zu Anfang vor allen Dingen, das Suchfeld nicht zu klein zu gestalten aufgrund von regionalen Vorlieben oder anderer vermeintlicher Einschränkungen. Im späteren Prozess ist es immer noch möglich, Optionen zu streichen oder Zielfelder zu verkleinern.

Wenn noch nicht geschehen: Jetzt professionelle Hilfe suchen Wenn noch nicht – wie zu Beginn des Prozesses geschildert – geschehen, ist spätestens jetzt die professionelle Unterstützung notwendig. Es gilt, einen Dienstleister zu identifizieren, der viel Erfahrung mit der Beratung von Top-Managern hat, über ein professionelles Netzwerk verfügt und der einen Berater zur Seite stellen kann, der zu der Person passt.

Die Rolle als Bittsteller und Hilfesuchender Als verantwortlicher Manager war man es gewohnt, Entscheidungen zu treffen und Umsetzungen in die Wege zu leiten. In dieser oft erstmalig auftretenden Situation der beruflichen Neuorientierung haben viele Manager mit ihrer Rolle zu kämpfen, andere um Unterstützung zu bitten. Die Außenwelt jedoch ist oft gerne bereit, für Unterstützungen zur Verfügung zu stehen, wenn sie richtig adressiert wird und nicht zu fordernd formuliert wird.

In der Hierarchie nach unten? Nachdem sich Top-Manager Gedanken gemacht haben, wie ihr Karriereweg weiter verläuft, können sich einige durchaus vorstellen, zwei oder drei Ebenen unter ihrer ehemaligen Position tätig zu werden. In Unternehmen, die mit dem ehemaligen Unternehmen in Größe und/oder Branche vergleichbar sind, ist dies in der Regel jedoch nicht möglich. Es existiert ein gläserner Boden nach unten. Dem Kandidaten wird die Bereitschaft dazu nicht geglaubt und man geht davon aus, dass die Stelle nur als Sprungbrett genutzt wird, um sofort wieder zu wechseln, wenn sich anderorts eine attraktivere Position ergibt. Vielfach wird der Kandidat aber auch als Bedrohung für den jetzigen Stelleninhaber darüber empfunden.

Die Neuausrichtung gelingt 5

Das Platzen der Wiedereinstiegsillusion erleben viele als eine Enttäuschung, die weniger abrupt und schockartig auftritt als die Entlassung selbst, im Nachhinein betrachtet aber die entscheidende Bedeutung für die persönliche Neuorientierung mit sich bringt. Erst mit der Einsicht, nicht rasch und problemlos eine dem alten Job vergleichbare Stelle übernehmen zu können, öffnen sich die Gedanken, und neue Blickwinkel ermöglichen eine andere Qualität von Antworten auf die Frage nach der zukünftigen beruflichen Beschäftigung. Jetzt begreift man die Chance auf einen echten Neuanfang, der – stärker als die bisherigen Karriereentscheidungen – auf den eigenen Werten, Interessen und persönlichen Vorlieben des Managers beruht und damit die Aussicht auf eine hohe Lebenszufriedenheit mit sich bringt (Abb. 5.1).

Die zeitliche Distanz zur letzten angestellten Beschäftigung bietet die Möglichkeit, die mit der beruflichen Rolle verbundenen Zwänge und extern bestimmten Anforderungen an die Gestaltung des eigenen Lebens klarer zu sehen. War man es bislang über Jahre hinweg gewohnt, dass man den Erwartungen des Arbeitgebers gerecht wurde, so wird nach und nach deutlich, wie fremdbestimmt dieses Leben oftmals Leben war. Erst durch den abrupten Wegfall der durch die berufliche Stellung bedingten Prioritäten erkennt man, wie stark das eigene Leben, beruflich wie privat, durch die Rolle des Top-Managers geprägt war. Einerseits vermisst man in dieser Phase des Umbruchs die Struktur, welche durch den Beruf vorgegeben war, andererseits spürt man zunehmend die Freiheit, welche die Chance zur persönlichen Neuausrichtung mit sich bringt.

> Das Jahr Ruhezeit hat unwahrscheinlich gut getan. Die Prioritäten haben sich verschoben. Ich bin ruhiger und gelassener geworden und habe meine Werte und Prioritäten reflektiert. Und wenn man auch wieder mehr Zeit mit den Kindern zu Hause verbringt, wird man ja auch wieder geerdet.

© Springer Fachmedien Wiesbaden 2016

S. Debnar-Daumler et al., *Top-Manager in beruflichen Umbruchphasen*, essentials,

DOI 10.1007/978-3-658-13073-2_5

Abb. 5.1 Das Platzen der Wiedereinstiegsillusion ermöglicht eine selbstkritische Auseinandersetzung mit der eigenen Identität. Ohne das alte Gepäck geht es aufwärts

Die meisten Top-Manager haben mehr als die Hälfte ihres Berufslebens hinter sich. Das Durchschnittsalter unserer Studienteilnehmer lag bei 52,2 Jahren. Die durch die Kündigung erzwungene Phase der Selbstreflexion bringt dann Fragen wie diese mit sich: Welche Prioritäten möchte ich selbst setzten? Wie möchte ich die verbleibenden aktiven Berufsjahre nutzen? Wie selbstbestimmt möchte ich arbeiten beziehungsweise welchen Zwängen möchte ich mich zukünftig aussetzen? Nicht wenige stellen in dieser Phase überrascht fest, dass sie sich in der Vergangenheit diesen Fragen der Selbstführung zu wenig gestellt hatten oder für diese Fragen Antworten in einem viel zu eng gesteckten Rahmen gesucht hatten. Die hervorragenden Job-Optionen und verlockenden Angebote der bisherigen Berufskarriere brachten jeweils ein Bündel an Erwartungen mit sich. Nun gilt es, sich selbst den Alltag zu strukturieren, eigene Prioritäten zu setzen und eigene Ziele zu definieren. Dies ist eine nicht triviale Aufgabe der Selbstkonstruktion, mithin Arbeit an der eigenen Identität.

In dieser den Umbruch abschließenden Phase geht es im ersten Schritt nicht um die Frage der nächsten Beschäftigung, sondern zunächst um ein Innehalten und Überprüfen der eigenen Vorstellungen. Wer bin ich? Was macht mich einzigartig? Was ist mir wichtig? Welchen Beitrag möchte ich leisten? Die Antworten auf diese Fragen sind natürlich interindividuell verschieden, sich diesen Fragen aufrichtig und intensiv zu widmen, ist jedoch der zentrale Schritt der Neuausrichtung. Es ist dabei nicht wichtig, ein perfektes Visionsbild zu entwickeln, es genügt vielmehr, zu erahnen, in welche Richtung man sich entwickeln, von welcher Art von Aktivität man mehr machen möchte. Wen kennt man, welche Fähigkeiten kann man persönlich oder bei anderen aktivieren, um die ersten Schritte zu unternehmen?

In der Unternehmer-Forschung ist dieses Vorgehen als das Prinzip der kleinen, effektvollen Schritte, im Englischen Effectuation, bekannt. Man nimmt demnach an, dass es überwiegend nicht die außergewöhnlichen Gründertypen mit einer genialen Vision sind, die etwas Großes aufbauen, sondern dass es eine Summe von vielen kleinen Weichenstellungen und eine Abfolge von konstruktiven Entwicklungsschritten sind, die am Ende zu etwas Großem führen können.

Es geht nicht um die eine geniale Vision, sondern um eine schrittweise Neuausrichtung.

Die Vorgehensweise der Effectuation nimmt Druck aus der vermeintlichen Alles-oder-Nichts-Entscheidungssituation. Es gilt lediglich, die Energie in die aus aktueller Sicht sinnvolle Richtung zu lenken. Es gilt, aus dem Tal der krankmachenden Grübelei in die Aktivität zu kommen. Durch die Aktivität entsteht ein anderer Status quo, auf dessen Basis man den jeweils kommenden Schritt ableiten kann. Man behält sich auf diese Weise – im Sinne einer Autorenschaft – die Selbstbestimmung über die eigenen Zeitressourcen und kann auf kurzfristiger Basis sicherstellen, dass die eigenen Aktivitäten im Einklang mit den eigenen Wertvorstellungen und Überzeugungen stehen.

Freunde meinen, ich wäre nun authentischer. Ich weiß nicht, ob das stimmt. Aber zumindest weiß ich jetzt besser, welche Tätigkeiten, Werte und welche Kultur zu mir passen.

Unserer Beobachtung nach ist es nicht die Kündigung selbst, welche den Suchprozess nach neuen, stimmigeren Lösungen auslöst, sondern vielmehr das zweite emotionale Tief, also das Platzen der Wiedereinstiegsillusion. Erst mit dem Aufgeben des Ziels der raschen Übernahme einer mindestens ebenso angesehenen Position im Top-Management eröffnen sich neue Horizonte. In der Theorie werden zwei unterschiedliche Vorgehensweisen zum persönlichen Umgang mit nicht ignorierbaren Zielabweichungen genannt: der assimilative und der akkomodative Modus. Letzterer ist im Kontext der Bewältigung einer tiefgreifenden beruflichen Umbruchphase erfolgversprechender und nachhaltiger.

Infobox: Assimilation vs. Akkomodation
Der Trierer Entwicklungspsychologe Jochen Brandtstädter beschreibt in seinem Zwei-Prozess-Modell der Zielverfolgung und Zielpassung alternative Denk- und Handlungsmuster, die Menschen begehen können, wenn der gewünschte Soll- vom tatsächlichen Ist-Zustand abweicht. Ist eine Person nun mit einem solchen Zustand konfrontiert, bleiben demnach zwei Reaktions-

möglichkeiten: eine Anstrengungssteigerung und Fokussierung auf das zu erreichende Ziel (*assimilativer Modus*) oder eine Anpassung des Zielzustandes und der Umleitung der eigenen Ressourcen auf erreichbare Ziele (*akkomodativer Modus*). Dabei birgt einerseits der *assimilative* Modus die Gefahr von Ressourcenerschöpfung und als belastend empfundenen Emotionen wie Ärger oder Reue bei der Nichterreichung des Zielzustandes. Anderseits kann ein zu frühes Wechseln in den *akkomodativen* Modus dazu führen, dass potentielle Handlungsmöglichkeiten nicht ausgenutzt werden. Diese in der Theorie recht simpel klingenden Vorgänge erweisen sich in der Praxis als komplexe internale Prozesse, die individuell auf Basis von verschiedenen Persönlichkeitsaspekten und Kontextfaktoren begangen werden.

In der Vergangenheit hat mich der Job dominiert. Nun steht für mich der Spaß an der Arbeit und an den Menschen im Vordergrund. Ich habe einen Wechsel vollzogen von der Berufskarriere zur Erfüllungskarriere.

Infobox: Lebenszufriedenheit

Aus der empirischen Glücksforschung ist bekannt, dass die Wirkfaktoren für ein als glücklich und zufrieden empfundenes Leben nicht dauerhaft in monetären Aspekten zu finden sind. Vielmehr hängt das Empfinden von Glück und Zufriedenheit mit nicht-materiellen Aspekten zusammen. Der renommierte Sozialpsychologe David. G. Myers von der Universität Michigan (USA) fasst hierzu die Ergebnisse seiner Forschungen der letzten 15 Jahre u. a. in den folgenden Kernthesen zusammen:

- *Geben sie engen Beziehungen vorrang.* Der wertschätzende und liebevolle Umgang mit nahen Menschen pflegt und festigt diese Beziehungen, die auch in kritischen Lebenssituationen Halt verschaffen.
- *Suchen Sie sich eine Tätigkeit, die Ihre Fähigkeiten in Anspruch nimmt.* Ein zufrieden machender „Flow"-Zustand in der Arbeit wird dann erreicht, wenn Aufgaben fordern, aber nicht überfordern.
- *Übernehmen Sie Kontrolle über Ihre Zeit.* Das Setzen (und Erreichen) von eigenen Zielen begünstigt Zufriedenheit. Dabei wirken bereits kleinteilig erscheinende Ziele in dieser Weise.
- *Agieren Sie, als wären Sie schon glücklich.* So aktiviert ein im eigenen Gesicht sichtbares Lächeln die mit dem Zufriedenheitsempfinden

assoziierten Gehirnareale. Empirische Daten zeigen, dass auch ein „so tun als ob" real empfundene Glücksgefühle begünstigt.

- *Bewegen Sie sich.* Der Zusammenhang zwischen körperlicher Bewegung und einer Vielzahl emotionaler positiver Effekte ist weit erforscht. So gibt es bspw. eine deutlich positive Auswirkung von Gymnastik auf die Symptomatik leichter Depressionen.
- *Schlafen Sie ausreichend.* Ein aktives und energiegeladenes Leben verlangt nach Zeiten von Regenration. Schlafmangel hingegen weist deutliche Zusammenhänge zu Leistungsdefiziten und getrübter Stimmung auf.
- *Helfen Sie anderen.* Der Zusammenhang zwischen Hilfsbereitschaft und Glücksempfinden ist wechselseitig: wer sich glücklich fühlt, hilft nachweisbar öfter anderen Menschen – wer öfters Anderen hilft, fühlt sich glücklicher.

Vom Erfolg zur Erfüllung, oder wie es in der Theorie heißt, von einer Haben- zu einer Sein-Existenzweise. Der erzwungene Umbruch bietet diese große Chance. In unserer Studie haben fast alle Top-Manager ca. zwei Jahre nach der erlebten Kündigung weniger verdient als zuvor. Auch hatten sie nach eigener Einschätzung Einbußen in Bezug auf ihren Status und ihren Verantwortungsumfang. Aber alle Studienteilnehmer gaben an, nach dem beruflichen Umbruch eine höhere allgemeine Lebenszufriedenheit zu erleben als zuvor.

Unserer Einschätzung nach liegt das an einer Stärkung der identitätsstiftenden Lebensbereiche neben der Säule der Karriere. Nach dem Konzept der Selbstkomplexität wurden zusätzliche Wurzeln gestärkt (Abb. 5.2).

Infobox: Selbstkomplexität
Das von Patricia W. Linville (Duke University North Carolina) vorgestellte Konstrukt der Selbstkomplexität postuliert: je vielschichtiger das Selbstbild eines Menschen, desto geringer seine Anfälligkeit für Stress durch physische und psychische Belastungen. Eine in diesem Sinne hohe Selbstkomplexität besteht dann, wenn ein Mensch in vielen voneinander unabhängigen Bereichen Aspekte seines Selbst wahrnimmt. Diese Bereiche umfassen *soziale Rollen* (Fußball-Trainer, Mutter, Managerin), verschiedene Arten von *Beziehungen* (Kollege, Freundin), Arten von *Aktivitäten und Hobbies* (Tennisspieler, Musikliebhaber), *Eigenschaften* (hart-arbeitend, humorvoll) und

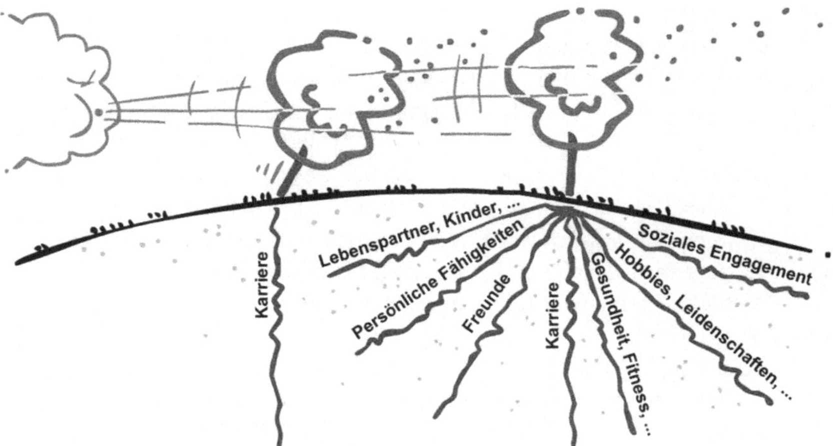

Abb. 5.2 Eine erfolgreiche Karriere verlangt viel Zeit, Energie und Ausdauer. Für andere identitätsstiftende Rollen bleibt dann kaum Zeit. Der erzwungene Umbruch ermöglicht neben der Managerrolle einen Neustart in anderen Lebensbereichen. Die verbesserte Balance verspricht eine höhere Lebenszufriedenheit

körperliche Attribute (attraktiv, schlank). Demnach konstruieren Menschen durch diese Aspekte ihr Selbstbild und generieren große Teile ihres empfundenen Selbstwerts. Wird nun ein Bereich des Selbst, bspw. durch eine Veränderung in der Umwelt der Person, angegriffen oder gänzlich unmöglich gemacht, können die anderen Aspekte als Puffer ausgleichend wirken. Entsprechend gilt, dass je weniger Aspekte vorhanden sind, desto härter der Verlust eines Bereiches die eigene Identität und das Selbstwertempfinden einer Person trifft. Dabei ist neben der Anzahl der Aspekte des eigenen Selbst auch die subjektive Bedeutung entscheidend, die eine Person diesem Aspekt zuschreibt.

5.1 Tipps vom Top-Executive Karriereberater

Netzwerken für die Zukunft Oft haben Top-Manager schmerzlich erkennen müssen, dass sie entweder über ein zu kleines oder nicht belastbares Netzwerk verfügen. Für die Zeit der neuen Anstellung kann der Rat daher nur heißen: pflegen Sie Ihre Kontakte intensiv innerhalb und außerhalb des Unternehmens und auch außerhalb der eigenen Branche. Es wäre perspektivisch berachtet ein Fehler, das in der Umbruchphase aufgebaute Netzwerk jetzt wieder zu vernachlässigen.

Seismographen sind empfindlicher Wenn die Wahrnehmung von einer sich verschlechternden beruflichen Situation beim ersten Erleben oft noch nicht als bedrohlich wahrgenommen wurde, sind nach Antritt der neuen Position die „Antennen" wesentlich sensibler. Oft werden Äußerungen von Kollegen, Vorgesetzten oder Mitarbeitern auf die Goldwaage gelegt und der vermeintlich verborgene Sinn wird gesucht. Erfahrungen zeigen, dass dieser Zustand mit der Zeit verschwindet. Was sich länger hält ist die Frage, wie emotional man einem Unternehmen in Zukunft verbunden sein möchte. Gerade in den Fällen, wo Manager nach extrem langer Verweildauer das Haus verlassen müssen ist die Trennung sehr schwer. Viele der Top-Manager versuchen schon aus reinem Selbstschutz, eine solch intensive emotionale Beziehung nicht mehr zuzulassen. Auch hier zeigt die Erfahrung, dass das Gefühl mit der Zeit deutlich abnimmt, allerdings oft niemals mehr ganz verschwindet. Es entsteht ein Gefühl von gewünschter Unabhängigkeit, um nicht noch einmal in eine vergleichbare emotionale Schieflage zu geraten.

Onboarding Coaching Eine professionelle Begleitung innerhalb der ersten Monate in der neuen Aufgabe ist extrem empfehlenswert, um nicht in politische Grabenkämpfe oder sonstige innerbetrieblichen Fallen zu geraten. Ein Austausch mit einem Außenstehenden hilft vor allen Dingen, die Situation neutral zu beleuchten und die richtigen – nicht emotional gefärbten – Schlüsse zu ziehen und Handlungen abzuleiten.

Zusammenfassung 6

Der ungewollte Abschied aus einer Spitzenposition hinterlässt Spuren. Die emotionalen und kognitiven Turbulenzen bleiben lange im Gedächtnis und prägen die Persönlichkeit.

> Ich bin selbstkritischer geworden, reflektiere anders und überlege mehr. Ich spüre aber auch: Ich bin härter geworden.
> Ich akzeptiere Menschen heute viel mehr so wie sie sind und versuche weniger, sie zu verändern, sondern bewusster darauf zu achten, die Menschen dort abzuholen, wo sie wirklich stehen.

Die gemachten Erfahrungen sind in der Regel mit Enttäuschungen und persönlichen Verletzungen verbunden. Der daraus resultierende Anspruch auf Wiedergutmachung muss aufgegeben werden, um frei zu werden für Neues. Dies kann viele Monate dauern.

> Man kann es nicht vergessen. Das ist eine Scharte, aber auch nicht dramatisch. Ist Teil des Lebens und des Älterwerdens. Passiert halt. Wenn du älter wirst, werden Dir Sachen weggenommen. Und auch weggenommen ist Deine Naivität im Umgang mit solchen Situationen. Das Ganze belastet mich insofern, dass ich weiß, dass alles relativ ist und nicht sicher.
> Die Kränkung geht nie vorbei.
> Das Vertrauen, das ich vorher in meine Firma hatte, könnte ich nicht wieder aufbauen.
> Das Einlassen auf eine Organisation wird anders.

Typischerweise erleben Gekündigte zwei emotionale Täler, eins direkt beim Realwerden der Kündigung, ein zweites beim Platzen der Wiedereinstiegsillusion. Unser Phasenmodell des beruflichen Umbruchs wird mit der folgenden Grafik noch einmal zusammengefasst. (Abb. 6.1)

In wieweit die im Zuge einer Kündigung erlittenen Enttäuschungen und Verletzungen negative Auswirkungen auf die eigene Zukunft haben, liegt an der Be-

© Springer Fachmedien Wiesbaden 2016

S. Debnar-Daumler et al., *Top-Manager in beruflichen Umbruchphasen*, essentials, DOI 10.1007/978-3-658-13073-2_6

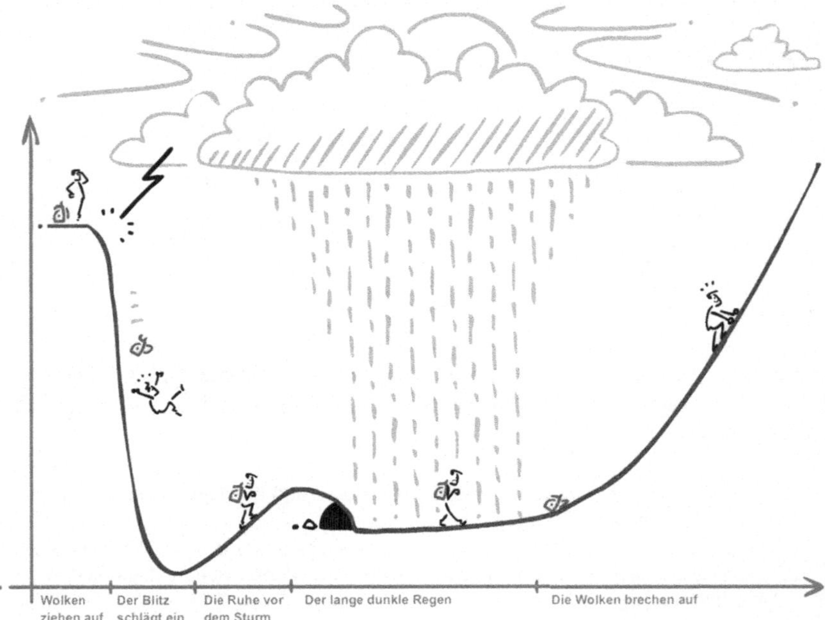

Abb. 6.1 Über alle Teilnehmer der Interviewstudie hinweg zeigte sich dieser typische Phasenverlauf. Trotz der emotionalen Niederschläge berichten alle Teilnehmer am Ende ein positives Lebensgefühl, vielfach sogar durch den Umbruch gestärkt

reitschaft, sich intensiv mit sich selbst und seinen Ambitionen und Erwartungen für die zukünftige Lebensgestaltung auseinander zu setzen. In aller Regel öffnen sich die Gedanken neuen Wegen erst mit dem Aufgeben des Ziels, eine mindestens gleichwertige Managementposition wiederbekleiden zu wollen. Das Platzen der Wiedereinstiegsillusion ermöglicht eine neue Qualität der Lebensgestaltung insgesamt. Vielversprechend ist in diesem Zusammenhang die Berücksichtigung des Konzepts der Selbstkomplexität, demnach eine stabile Persönlichkeit Kraft aus mehreren identitätsstiftenden Lebensrollen zieht. Eine Stärkung der während der intensiven Berufskarriere vernachlässigten Lebensbereiche kann in der Folge zu einer höheren Lebenszufriedenheit führen.

> Ich sag's mal ein bisschen pathetisch: Der Absturz und die Phasen danach haben mich zu einem Menschen gemacht, der die Dinge viel gelassener betrachtet. Ich weiß heute viel besser, was ich mir zutrauen kann.
> Der Umbruch hat mich freier gemacht, weil ich das enge Gerüst einer Firma verlassen habe, was ich freiwillig nicht gemacht hätte. Die Zeit hat mich als Person entscheidend verändert.

Was Sie aus diesem Essential mitnehmen können

- Eine Spitzenposition ungewollt räumen zu müssen erweist sich meist als massiver Stressor für das seelische Gleichgewicht.
- Betroffene erleben in der Regel zwei emotionale Täler. Das erste ist von Kränkung und Orientierungslosigkeit geprägt. Das zweite zeichnet sich aus durch eine vertiefte Auseinandersetzung mit der eigenen Identität und den eigenen Zielen, dabei wird häufig auch das bisherige Wertegerüst kritisch hinterfragt.
- Je ausgeprägter die Selbstkomplexität der Betroffenen ist, desto eher finden sie einen Weg aus der Krise und desto weniger ist ihr Selbstwert durch den Umbruch bedroht.
- Eine bewusste und beherzte Auseinandersetzung mit dem Umbruch – auch und gerade mit den psychologischen Faktoren – fördert einen zufriedenstellenden Wiedereinstieg in die Arbeitswelt.
- Jede Krise dieser Art stellt auch eine Chance dar. Alle Teilnehmer berichten, nach Bewältigung des Umbruchs mindestens ebenso lebenszufrieden zu sein wie davor.

© Springer Fachmedien Wiesbaden 2016
S. Debnar-Daumler et al., *Top-Manager in beruflichen Umbruchphasen*, essentials,
DOI 10.1007/978-3-658-13073-2

Literatur

Bauer, J. (2014). Gefallene Helden: Kognitionen, Emotionen und Bewältigungsstrategien von Senior-Executives in ungewollten Umbruchphasen. Unveröffentlichte Master-Arbeit an der Hochschule Fresenius Köln.

Brandtstädter, J., & Rothermund, K. (2002). The life-course dynamics of goal pursuit and goal adjustment: A two-process framework. *Developmental Review, 22,* 117–150.

Filipp, S.-H., & Aymanns, P. (2010). *Kritische Lebensereignisse und Lebenskrisen: Vom Umgang mit den Schattenseiten des Lebens.* Stuttgart: Kohlhammer.

Harding, G. (2012). *Topmanagment und Angst: Führungskräfte zwischen Copingstrategien, Versagensängsten und Identitätskonstruktion.* Wiesbaden: Springer.

Heider, F. (1958). *The psychology of interpersonal relations.* New York: Wiley.

Lazarus et al. (1965). The principle of short-circuiting of threat: Further evidence. *Journal of Personality, 33,* 622–635.

Linville, P. W. (1985). Self-complexity and affective extremity. *Social Cognition, 3,* 94–120.

Seligman, Martin E. P. (1979). *Erlernte Hilflosigkeit.* München: Urban und Schwarzenberg.

Seligman, Martin E. P. (2005). *Der Glücks-Faktor: Warum Optimisten länger leben.* Köln: Bastei Lübbe.

© Springer Fachmedien Wiesbaden 2016

S. Debnar-Daumler et al., *Top-Manager in beruflichen Umbruchphasen,* essentials,

DOI 10.1007/978-3-658-13073-2